U1015559

直通新三板

中小微企业资本突围的机会和挑战

MEDIUM-SIZED AND SMALL ENTERPRISES
OPPORTUNITY & CHALLENGE

江安海○编著

NEEQ

中国经济出版社
CHINA ECONOMIC PUBLISHING HOUSE
北 京

图书在版编目（CIP）数据

直通新三板：中小微企业资本突围的机会和挑战/江安海编著.
北京：中国经济出版社，2018.6
ISBN 978-7-5136-5045-8

Ⅰ.①直… Ⅱ.①江… Ⅲ.①中小企业—企业融资—研究—中国 Ⅳ.①F279.243

中国版本图书馆 CIP 数据核字（2018）第 011175 号

责任编辑　孙晓霞
文字编辑　赵立颖
责任印制　马小宾
封面设计　华子图文工作室

出版发行　中国经济出版社
印 刷 者　北京富泰印刷有限责任公司
经 销 者　各地新华书店
开　　本　710mm×1000mm　1/16
印　　张　17.75
字　　数　224 千字
版　　次　2018 年 6 月第 1 版
印　　次　2018 年 6 月第 1 次
定　　价　58.00 元
广告经营许可证　京西工商广字第 8179 号

中国经济出版社 **网址** www.economyph.com **社址** 北京市西城区百万庄北街 3 号 **邮编** 100037
本版图书如存在印装质量问题，请与本社发行中心联系调换（联系电话：010-68330607）

版权所有　盗版必究（举报电话：010-68355416　010-68319282）
国家版权局反盗版举报中心（举报电话：12390）　　服务热线：010-88386794

PREFACE

前言

“新三板”正式扩容以来，“新三板”开放和包容的优势让其得到市场的认可，挂牌企业的数量迅猛增长，融资规模不断扩大，促进了资本与技术、人才、创意的有效融合，为创新型、创业型和成长型中小微企业的直接融资和资本形成提供了有力支持。“新三板”成为中小微企业资本突围与借力发展的平台，受到了广泛的关注。

中国共产党第十九次全国代表大会的报告中明确提出，“深化金融体制改革，增强金融服务实体经济能力，提高直接融资比重，促进多层次资本市场健康发展”。在过去五年多时间里，“新三板”在市场准入方式、证券交易方式、投资者门槛等方面都有所创新，弥补了我国资本市场服务体系的缺失，增强了资本市场服务实体经济和供给侧结构性改革等国家战略的效力，实现了我国多层次资本市场体系建设的不断改善。

中小微企业在“新三板”成功挂牌将产生积极的多重正向效应。挂牌公司可以获得转让股票、发行“普通股”“优先股”“双创债”等直接融资的机会，助推快速发展；挂牌公司可以适机参与资产重组和股权并购，推动行业整合和转型升级；挂牌公司通过设立独立董事、引进职业经理人，完善股权激励、投资者回报等机制，建立健全现代化企业管理制度……

任何伟大的企业都是从小微阶段进化而来的。企业不断发展、不断壮大的关键因素是什么？一言以蔽之，不失时机。“新三板”无疑是当下小微企业资本突破的利好机会。据统计，自2013年以来，依靠市场化的运行机制，借助于“新三板”的力量，近千家公司挂牌后，由小微企业成长为大中型企业；还有数百家挂牌公司成功冲击IPO，转板到证券交易所主板、中小板和创业板。

针对“新三板”的火热，我们为广大中小微企业创业者、管理者以及“新三板”关注者编写了这本《直通新三板》。让读者通过本书了解“新三板”的发展、挂牌“新三板”优与劣、挂牌条件、挂牌前的准备工作、申请中的操作细节、挂牌后的资本运营等，以及“新三板”最新的管理制度（例如信息披露制度、股票转让方式、分层管理办法等）、如何实施股权激励、如何契合价值投资等操作指引，为读者深入了解“新三板”、做好“新三板”挂牌的相应工作提供了实操性的指导。本书注重“新三板”的实务与热点，以丰富的案例、清晰的操作流程，兼顾资本市场的理论和政策，带领读者全方位、多角度离地感受“新三板”。

全国中小企业股份转让系统的正式成立只有五年的时间，市场的基本制度建设和监管能力构建正在经历一个渐进的成熟过程。本书重视实践和时效，其中涉及的法律法规和市场管理办法等相关文件以2017年12月底前出台的文件为准。

在本书撰写过程中，参考和直接引用了大量的公开案例和国内外文献资料，在此向原作者和专家们表示感谢。由于作者知识水平有限，书中难免有错误及疏漏之处，敬请广大读者指正。

编著者

2017年12月

CONTENTS

目录

CHAPTER 1
第一章 风云际会 “新三板”正强劲来袭

“新三板”原指中关村科技园区非上市股份有限公司进入代办股份转让系统进行试点，因挂牌公司均为高科技企业而不同于原转让系统内的退市企业及原STAQ、NET系统挂牌公司，故形象地称为“新三板”。

2013年，国务院批准设立全国中小企业股份转让系统，由此，中关村科技园区代办股份转让系统试点正式扩容至全国。

作为多层次资本市场的重要组成部分，“新三板”的低准入门槛、低挂牌成本以及市场化的制度设计，吸引着众多中小微企业前来挂牌，这些企业期望借力实现资本突破。

一、“新三板”的由来

“新三板”起源于早期的“代办股份转让系统”（俗称“老三板”）。为妥善解决原STAQ、NET系统[①]挂牌公司流通股的转让问题，经中国证监会批准，2001年6月中国证券业协会发布《证券公司代办股份转让服务业试点办法》，指定申银万国等6家证券公司设立“代办股份转让系统”，并于2001年7月正式启动。这是中国资本市场中的新兴板块，即“三板市场”。通俗地说，“一板市场”是指主板（包含中小板）市场，“二板市场”是指创业板市场。

2003年底，北京市政府与科技部联合向国务院上报《关于中关村科技园区非上市股份有限公司进入证券公司代办股份转让系统进行试点的请求》。经过2年多的策划筹备，2006年1月《证券公司代办股份转让系统中关村科技园区非上市股份有限公司股份报价转让试点办法》正式发布，

① 在20世纪90年代，中国证券市场出现“两所两网”的局面，即沪深证券交易所和STAQ、NET两个法人股市场。STAQ的全称为全国证券交易自动报价系统，NET的全称为全国电子交易系统，分别于1992年7月和1993年4月成立，成立的目的是为了解决非上市公司的股权转让，由于法人股市场个人化较为严重，市场交易惨淡等原因，“两网”在1999年被宣布关闭。

两家中关村高新技术企业[①]进入“代办股份转让系统”进行试点，“新三板”初见雏形。

2012年9月，《非上市公众公司监督管理办法》[②] 正式发布。为了提升“新三板”服务于中小微企业的直接融资的功能，响应党中央国务院关于加快发展和完善多层次资本市场体系的号召，中国证监会宣布扩大非上市股份公司股份转让试点范围，除中关村科技园以外，新增上海张江高新产业开发区、湖北东湖新技术产业开发区和天津滨海高新区。

2012年9月，全国中小企业股份转让系统有限责任公司（以下简称全国股转公司）登记注册。2013年1月，全国中小企业股份转让系统（以下简称“新三板”）正式揭牌运营。中国证监会发布《全国中小企业股份转让系统有限责任公司管理暂行办法》，明确规定全国股转公司负责“新三板”的日常运营和管理。中国证监会依法对“新三板”及各项业务活动和各市场参与人实行统一监督管理。

2013年12月，国务院发布《关于全国中小企业股份转让系统有关问题的决定》，明确境内符合条件的股份公司均可通过主办券商申请在“新三板”上挂牌，公开转让股份，进行股权融资、债权融资、资产重组等。

这成为中国多层次资本市场建设的标志性事件，也是全国性场外交易市场从试点走向规范的重要举措。

“新三板”蓄势待发，由此进入高速发展期。

2014年1月24日，266家企业在“新三板”上集体挂牌公开转让。

2014年5月19日，独立开发的“新三板”证券交易系统正式上线。

---

① 这两家挂牌公司是世纪瑞尔（原证券代码430001）和北京中科软（证券代码430002）均为中关村科技园区的高科技企业，不同于原代办股份转让系统内的退市企业及STAQ、NET系统挂牌公司。2010年，世纪瑞尔首次公开发行股票并在创业板上市，证券代码300150。

② 2012年9月28日，中国证券监督管理委员会第17次主席办公会议审议通过，根据2013年12月26日中国证券监督管理委员会令第96号《关于修改〈非上市公众公司监督管理办法〉的决定》修订。

2014 年 8 月 25 日，"新三板"做市商制度正式推出。

2015 年 3 月 18 日，"新三板"指数正式登场。

2015 年 7 月 21 日，"新三板"挂牌公司数量首次超过 A 股。

2015 年 9 月 1 日，中国证券业协会正式发布《场外证券业务备案管理办法》，该办法自 2015 年 9 月 1 日起实施。

2015 年 9 月 21 日，《全国中小企业股份转让系统优先股业务指引（试行）》予以发布并实施。

2016 年 5 月 27 日，《全国中小企业股份转让系统挂牌公司分层管理办法（试行）》正式发布，该办法于当年 6 月 27 日正式实施。

2017 年 7 月 1 日，《全国中小企业股份转让系统投资者适当性管理细则》第二次修订并施行。

2017 年 9 月 6 日，全国股转公司对《全国中小企业股份转让系统股票挂牌条件适用基本标准指引（试行）》进行了修订并发布，新修订的《指引》于 2017 年 11 月 1 日生效实施。

2017 年 9 月 22 日，深圳证券交易所、全国股转公司、中国证券登记结算有限责任公司联合制定了《创新创业公司非公开发行可转换公司债券业务实施细则（试行）》予以发布并实施。

2017 年 12 月 22 日，全国中小企业股份转让系统有限责任公司发布《全国中小企业股份转让系统挂牌公司分层管理办法》以及《全国中小企业股份转让系统挂牌公司信息披露细则》，自发布之日起施行。

2017 年 12 月 22 日，全国中小企业股份转让系统有限责任公司发布《全国中小企业股份转让系统股票转让细则》，自 2018 年 1 月 15 日起施行。

二、中小微企业是连接资本市场的便捷之门

天下熙熙，皆为利来；天下攘攘，皆为利往。

16 世纪中叶，随着资本主义经济的发展，股份制公司开始出现，企业的所有权和经营权相分离，股票、债券及不动产抵押债券等有价证券进入到交易的行列。1602 年，在荷兰的阿姆斯特丹成立了世界上第一个股票交易所。1773 年，英国的第一家证券交易所成立，1802 年获得英国政府的正式批准。美国证券市场是从买卖政府债券开始的。1790 年成立了美国第一个证券交易所，即费城证券交易所。1817 年，“纽约证券交易会”宣告成立，1863 年改名为“纽约证券交易所”。受工业革命影响，证券市场上的公司股票逐渐取代政府债券的地位，股票交易开始盛行。

在我国，最早出现的股票来自国外，1891 年外商在上海成立了上海股份公所，1905 年，该公所定名为上海众业公所。1917 年，北洋政府批准上海证券交易所开设证券经营业务。1918 年夏，北平证券交易所正式成立，这是中国人自己创办的第一家证券交易所。1920 年 7 月，上海证券物品交易所得到批准成立。此后，上海华商证券交易所、青岛市物品证券交易所、天津市企业交易所等相继出现，旧中国的证券市场逐步形成。

1949 年 6 月，天津证券交易所重新设立，这是新中国设立的第一个证券交易所，标志着中国当代证券市场的正式启动。1950 年 2 月，新中国在北京设立了北京证券交易所。1952 年 7 月和 10 月，政府相继关闭了天津和上海证券交易所。1958 年以后，受政治影响，中国证券市场更是长期受到摒弃。

1978 年中共十一届三中全会后，中国当代证券市场才得以逐步恢复。

中国经济改革推动了资本市场的重新萌生和发展。中国资本市场从无到有，从小到大，从区域到全国，得到了迅速的发展。上海证券交易所和深圳证券交易所于 1990 年 12 月先后开始营业。

1993 年，股票发行试点正式由上海、深圳推广至全国，打开了中国资本市场进一步发展的空间。

资本市场从诞生之日起，就肩负为国有大中型企业融资的使命，与国有企业改革发展密不可分。

离开了企业的可持续发展，资本市场就是空中楼阁；没有资本市场的融资功能，企业发展就会因缺乏资金而错失良机。资金对于企业，犹如血液对于人体，人体的活力不可能离开血液，企业的发展更不可能离开资金。在企业发展过程中，资本运营的核心任务是为企业造血，解决发展过程中的融资问题。

我国资本市场尚处于发展的初期，以银行为主体的间接融资在融资结构中占据主导地位，通过发行证券进行直接融资的比重偏小。结合我国经济发展新常态[①]和结构转型的内在要求，客观上需要一个规模进一步扩大、效率进一步提升的资本市场。

---

① 我国经济发展新常态的概念由习近平总书记在 2014 年 5 月 10 日考察河南的行程中首次提出。当时，他说：“中国发展仍处于重要战略机遇期，我们要增强信心，从当前中国经济发展的阶段性特征出发，适应新常态，保持战略上的平常心态。”

经济发展进入新常态，增长速度正从高速增长转向中高速增长，经济发展模式正从规模速度型粗放增长转向质量效率型集约增长，经济结构正从增量扩能为主转向调整存量、做优增量并存的深度调整，经济发展动力正从传统增长点转向新的增长点。

多层次资本市场建设是经济发展新常态和结构转型的重要支撑，集中体现在多层次资本市场能够更加合理地将经济资源配置到代表未来产业升级方向的创新创业公司手中，尤其是那些在现有投融资体系中无法获得足够资金支持的发展中的中小微企业。

“新三板”主要是为创新型、创业型、成长型的中小微企业服务，境内符合条件的股份公司都可以到这个市场进行挂牌，进行融资，进行股份公开转让，还可以进行资产重组和通过债券融资等。

中国证券业协会发布的《场外证券业务备案管理办法》中明确，场外证券业务是指上海、深圳证券交易所、期货交易所和全国中小企业股份转让系统以外开展的证券业务，这标志着企业在“新三板”上挂牌和在沪深证券交易所上市具有同等的法律地位。

“新三板”打开了我国的中小微企业尤其是具有高新技术的初创公司连接资本市场的便捷之门，打开这扇门的钥匙就是“新三板”市场的开放性和包容性。公司拟在“新三板”上挂牌，仅需要满足以下 5 个主要条件：①依法设立且存续满两年；②业务明确，具有持续经营能力；③公司治理机制健全，合法规范经营；④股权明晰，股票发行和转让行为合法合规；⑤主办券商推荐并持续督导。

在“新三板”挂牌后，挂牌公司可以通过股份转让、定向增发、发行私募债、银行授信等方式增强自身的融资能力，享受到便捷融资、规范治理、品牌提升等诸多好处。“新三板”市场鼓励“小额、快速、按需”的融资安排，不对定向发行证券的时间、价格、方式进行过多限制，不对通过定向发行获得的股票做出锁定期方面的强制规定。挂牌公司可以自主选择股票交易方式，交易方式之间还可以自由转换等。

“新三板”市场能够让不同类型的公司在资本市场中找到自己位置，结合自己擅长的领域做好创新服务。“新三板”的小额快速融资能够让中小微企业以按需融资、小步快跑的方式与投资人建立互信，逐步完成与资本市场融合。

“新三板”通过创新的挂牌模式、创新的监管制度、创新的市场行为，为中小微企业的优秀创业团队提供了一个很好的资本孵化平台，帮助更多的创新创业公司发展壮大，支撑起中国经济的未来。

三、 主板、中小板、创业板和区域股权交易市场

从长远发展目标来看，未来我国资本市场架构的设计应分为主板市场（下称主板）（包含中小企业板）、创业板市场（下称创业板）、“新三板”市场和区域性股权交易市场等多个层次。各个层次之间因市场定位、法律规则、准入条件等各不相同。

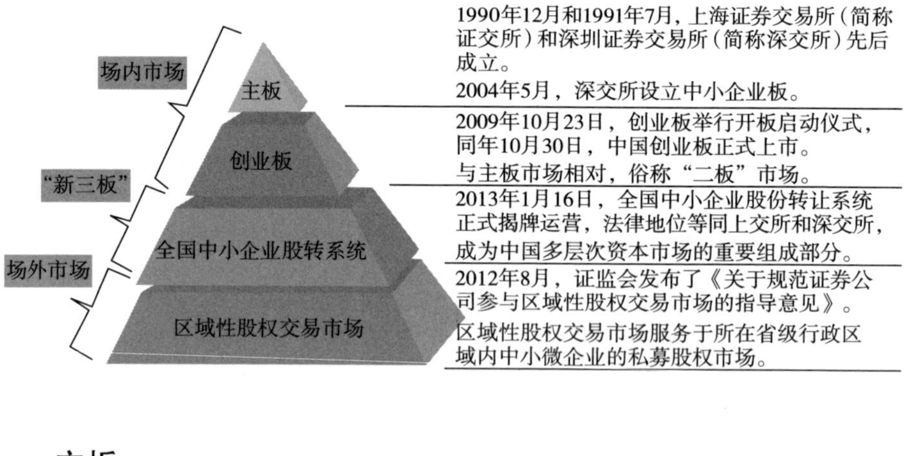

主板

主板市场也被称为一板市场，指传统意义上的证券市场（俗称股票市

场），是一个国家或地区证券发行、上市及交易的主要场所。在我国，主板市场是指上海证券交易所和深圳证券交易所。

主板市场是多层次资本市场的主要组成部分，很大程度上能够反映经济发展状况，是国内大型企业的主战场、大盘蓝筹股的集结地，有"国民经济晴雨表"之称。主板市场对发行人的营业期限、股本大小、盈利水平、最低市值等方面的要求标准较高，上市企业多为大型成熟企业，具有较大的资本规模以及稳定的盈利能力。

每个证券交易所均制定各自的股票上市要求，股票在上市和开始挂牌交易之前必须符合这些要求。拟主板上市的企业首次公开发行股票，主体资格和财务指标需要符合以下的主要条件：①

主体资格：

（1）依法设立且合法存续的股份有限公司；

（2）持续经营 3 年以上（国务院批准的除外）；

（3）主要资产不存在重大权属纠纷；

（4）生产经营合法，符合国家产业政策；

（5）近 3 年主营业务和董事、高管无重大变化，实际控制人没有发生变更；

（6）股权清晰，不存在重大权属纠纷。

财务与会计：

（1）最近 3 个会计年度净利润为正数且累计超过 3000 万元；

（2）最近 3 个会计年度经营活动产生的现金流量净额累计超过 5000 万元，或者营业收入累计超过 3 亿元；

---

① 参见《首次公开发行股票并上市管理办法》（2006 年 5 月 17 日中国证监会第 180 次主席办会议通过，根据 2015 年 12 月 30 日中国证监会《关于修改〈首次公开发行股票并上市管理办法〉的决定》修正）。

（3）发行前股本总额不少于3000万元；

（4）最近一期末无形资产（扣除土地使用权、水面养殖权和采矿权等后）占净资产比不高于20%；

（5）最近一期末不存在未弥补亏损等。

中小企业板

为了鼓励中小型公司自主创新，完善风险投资机制，拓展融资渠道，2004年5月，经国务院批准，深圳证券交易所在主板市场内设立中小企业板。该板块将重点安排主板市场拟上市公司中具有较好成长性和较高科技含量的中小企业发行股票和上市，板块内公司普遍具有收入增长快、盈利能力强、科技含量高的特点。

设立中小企业板是完善国内多层次资本市场的重大举措，将重点安排主板拟上市公司中规模相对较小、具有较好成长性和较高科技含量的中小企业发行股票和上市。

该板块在主板市场的法律法规和发行上市标准的框架内，实行包括"运行独立、监察独立、代码独立、指数独立"的相对独立管理。

创业板

俗称二板市场，为达不到主板上市条件、拥有高新技术、具有高成长性的中小企业提供资本市场服务，是主板市场的重要补充。

2009年10月，中国创业板在深圳证券交易所正式上市。拟在创业板首次公开发行股票上市的企业应当符合下列的主要条件：[①]

---

① 参见《首次公开发行股票并在创业板上市管理办法》（2014年2月11日中国证监会第26次主席办会议审议通过，根据2015年12月30日中国证监会第123号中国证监会《关于修改〈首次公开发行股票并在创业板上市管理办法〉的决定》修正）。

主体资格：

（1）依法设立且持续经营3年以上的股份有限公司；

（2）主要经营一种业务，生产经营活动合法，符合国家产业政策及环境保护改革。

（3）近两年主营业务和董事、高管无重大变化，实际控制人没有发生变更；

（4）股权清晰，不存在重大权属纠纷；

（5）发行人及其控股股东①、实际控制人②最近3年内不存在损害投资者合法权益和社会公共利益的重大违法行为等。

财务与会计：

（1）最近两年连续盈利，且净利润累计不少于1000万元；或者最近一年盈利，最近一年营业收入不少于5000万元；

（2）最近一期末净资产不少于2000万元，且不存在未弥补亏损；

（3）发行后股本总额不少于3000万元；

（4）会计基础工作规范，内部控制制度健全且被有效执行等。

区域性股权交易市场

俗称四板市场。区域性股权市场是主要服务于所在省级行政区域内中小微企业的私募股权市场，是地方人民政府扶持中小微企业政策措施的综合运用平台。区域性股权市场有利于充分发挥区域性股权市场的功能作用，弥补现有公开市场的不足，与沪深证券交易所、"新三板"形成错位发展、有序衔接、功能互补的多层次资本市场体系。

---

① 控股股东是指其持有的股份占公司股本总额50%以上的股东；或者持有股份的比例虽然不足50%，但依其持有的股份所享有的表决权已足以对股东大会的决议产生重大影响的股东。

② 实际控制人是指通过投资关系、协议或者其他安排，能够支配、实际支配公司行为的自然人、法人或者其他组织。

作为地方扶持中小微企业政策实施的主渠道，区域性股权交易市场具有准入门槛相对较低、服务方式灵活等特点。

据统计，截至2016年底，全国共有40家区域性股权市场，挂牌公司1.74万家，展示公司5.94万家，2016年为挂牌公司实现融资2871亿元，在支持中小微企业多样化融资、推动中小微企业规范运作、增强金融服务普惠性等方面发挥了积极作用。①

① 来源：中国证监会发言人邓舸解读《国务院办公厅关于规范发展区域性股权市场的通知》(一)，http://www.csrc.gov.cn/pub/jiangsu/xxfw/tzzsyd/201702/t20170228_312779.htm

四、草根企业家的资本梦想

所谓的企业家，就是指那些能积极捕捉发展机遇的人，承担着公司发展计划中主要经济责任和风险。公司的成功和企业家的努力密不可分，一家优秀的公司总是和领导这个公司迈向卓越的企业家紧密相连。当我们提到华为[①]，马上就会想起任正非；提到阿里巴巴[②]，马上就会想到马云；提到腾讯[③]，马上就联想到马化腾；提到京东[④]，马上就联想到刘强东。

企业家是战略决策的主导者，对中小企业而言，企业家具有绝对的话语权，企业家的经营思想通过内部层级结构自上而下传递，从而对这个公司的生产经营和治理文化产生重要的影响。

---

① 华为技术有限公司，曾用名深圳市华为技术有限公司，成立于 1987 年，世界 500 强企业。华为属于非上市公众公司，公司类型为有限责任公司。

② 阿里巴巴网络技术有限公司，简称阿里巴巴集团，以曾担任英语教师的马云先生为首的 18 人于 1999 年成立。世界最大的互联网电子商务公司之一。2014 年 9 月 19 日，阿里巴巴在纽约证券交易所正式挂牌上市。

③ 深圳市腾讯计算机系统有限公司，成立于 1998 年，由马化腾先生等 5 位创始人共同创立。中国最大的互联网综合服务提供商之一，也是中国服务用户最多的互联网企业之一。2004 年腾讯在中国香港联交所主板公开上市。

④ 北京京东世纪贸易有限公司，2004 年 1 月成立。京东是中国的综合网络零售商，也是中国电子商务领域受消费者欢迎和具有影响力的电子商务网站之一。2014 年 5 月，在美国纳斯达克证券交易所挂牌。

让自己的公司与资本市场对接并借助资本的力量发展壮大，这是我国无数草根企业家的梦想。但是，在境外红筹上市或者境内A股上市，高高的门槛令人却步。对于绝大多数的公司而言，资本市场似乎永远遥不可及。“新三板”最重要的价值在于唤起了草根企业家心中的梦想。

心存梦想，机遇才会降临。为梦想而努力，一切行动都将变得神圣。梦想是一定要有的，万一实现了呢？

1995年，马云先生成立了海博翻译社，刚刚开始创业。杭州政府因为某高速公路项目投资的纠纷，聘请马云到美国从事美国翻译和协调的工作。可到了美国之后，马云发现项目的合作方是一家骗子公司。无奈之下，马云到机场准备买机票回国，忽然想起自己国内的一个同事提过的一家互联网公司，他决定前去参观考察后再离开美国。他到西雅图找到那位同事的女婿Sam所在的VBN公司，亲眼见识了陌生的互联网。互联网当时在中国市场上还是一片空白，凭借敏锐的嗅觉，马云感觉到这个新鲜事物能为自己带来转机，这让马云兴奋不已。

1995年5月，马云成立了中国第一家商业网站“中国黄页”。后来，随着互联网在中国的升温，社会上冒出了许多“中国黄页”的模仿者，种种原因迫使马云决定放弃“中国黄页”项目。

互联网点燃了马云“做全球最伟大的企业”的梦想，“中国黄页”项目虽然失败了，关于互联网的创业梦想仍在继续。1999年2月，在杭州湖畔公园马云的住所，18个人的创业团队在马云的召集下开会，决定以50万元起步，阿里巴巴诞生了。①

电子信息互联网为阿里巴巴连接到众多的个人消费者和中小微企业，而“新三板”将为挂牌公司连接到国内最主要的银行、证券公司、基金管

① 参见《空布鞋的马云如何走过他的22年》，北京联合出版公司，作者王利芬、李翔。

理公司、投资公司、资产管理公司等投融资机构。国家设立“新三板”初衷就是支持全国中小微企业的发展，让那些有创新能力、有发展潜力的创业公司合理分配股权，完成股份制改造，实现规范化管理；由主办券商持续督导，在“新三板”市场上，直接融通资金，整合更多的资源，发展壮大，实现资本突破。

“新三板”市场的最大成就是在更广泛的社会群体中形成资本市场文化，让更多的中小微企业高级管理人员懂得什么是挂牌、什么是上市、什么是股票、什么是资产，以及如何挂牌、如何上市、如何发行股票、如何进行资产重组和企业并购；定期披露年度报告、临时报告，适应信息披露等监管措施，在法律和法规的框架内规范经营；知道如何与投融资机构打交道，以及如何才能在资本市场中融到资金；懂得什么是市值，以及如何进行市值管理，让公司市值成为个人财富重要的组成。

相对于在主板、中小板和创业板 IPO，“新三板”挂牌的条件相对宽松很多。实际上，挂牌更接近一种洗礼仪式。挂牌条件很具体很清晰，看得见摸得着，很容易操作。完成挂牌后，企业家就必须树立脱胎换骨的雄心和毅力，以严格履行公众公司[①]之责任和义务；必须充满决心和勇气在资本市场奋勇拼搏，不破楼兰终不还。

“刚开始创业时，很多企业治理方面的制度没有考虑到，例如股权结构、管理层设计等方面都没被充分考虑到，有些甚至很混乱；创业这么多年，企业一直处于封闭状态，很多问题就从一开始拖到了现在。因此需要借助外部力量来迫使企业做出改变，也正好借‘新三板’上市前的改制来

① 公众公司，指非上市公众公司。按中国证监会《非上市公众公司监督管理办法》第二条之规定“非上市公众公司是指有下列情形之一且其股票未在证券交易所上市交易的股份有限公司：（一）股票向特定对象发行或者转让导致股东累计超过 200 人；（二）股票公开转让。”新三板挂牌公司均属于非上市公众公司。

对公司进行大的规范化改造。”奥尔斯[1]的创始人、董事长李朱峰说，“登陆‘新三板’还能引来市场关注，因为封闭创业这么多年，一直和外界尤其是投资机构没有过接触，越到后面越发现企业要做大做强需要更多力量参与进来，也就是说后期必须通过资本市场的力量来完成整合各种资源，共同把企业做好。”[2]

有主办券商持续督导和其他中介机构的专业服务，挂牌操作变得相对简单，成为资本盛宴中的开胃小菜。“新三板”挂牌以后的资本运营才是企业家需要关心的重点，也是对公司挂牌“新三板”真正有价值和有意义的事情。

“新三板”坚持以信息披露为核心，不为企业背书，给金子一个发光的机会，为中小微企业提供了一个实现资本梦想的舞台。

道路是曲折的，前途是光明的。只要坚守梦想，砥砺前行，“新三板”必将成为我国资本市场未来十年的希望之地。

---

① 北京奥尔斯教育科技有限公司，证券代码430248。

② 《中国企业的新三板梦想，不只是融资》，来源：中国证券报，2012年10月5日。

五、　风口上的"新三板"挂牌公司

只要站在风口上，猪也能飞起来。

九鼎集团[①]：挂牌"新三板"成就财富神话

胡润研究院发布《2015 胡润百富榜》的上榜名单中，有 14 位来自"新三板"挂牌公司。其中财富涨幅最快的是九鼎集团董事长吴刚，在过去 2014 年中财富增长 8 倍，以 180 亿元人民币的身价位列百富榜第 120 位，同时也位列"新三板"首富。

九鼎集团经营模式的关键在于持续不断地输送公司上市，并从中获取巨额上市差价。如果投资项目不能博取超额收益，由于基金管理协议中"保底增值"的承诺，九鼎集团只能自行偿还到期退出的融资本息。

2012 年，A 股暂停 IPO 审批，九鼎集团迅速陷入困境。在这种背景下，九鼎集团推出了"基金份额换股权"计划，并申请在"新三板"挂

① 北京同创九鼎集团管理股份有限公司，证券代码 430719。2015 年 12 月 22 日起，北京同创九鼎投资管理股份有限公司正式变更为现名称，简称由"九鼎投资"变更为"九鼎集团"。

牌，成功解决了前期私募股权投资基金[1]项目投资者的退出问题。

在“新三板”挂牌前，九鼎集团总股本 1244 万股。2014 年 4 月，九鼎集团在“新三板”挂牌，同时以 610 元单价向 138 名投资者（包括 7 名原股东）定向发行 580 万股新股，募集资金 35.4 亿元。定向发行后，总股本达 1829.8 万股，市值约为 112 亿元。

这次定向发行股票的认购者大部分是九鼎集团旗下私募基金的有限合伙人[2]。一般地，有限合伙人可获得投资项目收益的 80%，九鼎集团作为普通合伙人[3]只能获得 20%。选择放弃 80% 的项目收益而做九鼎集团的股东，是因为当时的退出渠道受到限制，而九鼎集团在“新三板”挂牌后，未来股票升值空间大。

挂牌之初，九鼎集团在“新三板”有过两次融资，分别募集资金 22.5 亿元和 35.36 亿元。2015 年 5 月 19 日，九鼎集团第三次发布的定向发行股票方案让市场为之侧目。该发行方案称，公司定向发行 5 亿股，募集资金 75 亿～125 亿元。2015 年 11 月 2 日，九鼎集团发布股票发行情况报告书，公告称，本次定向发行股票数量为 5 亿股，每股人民币 20.00 元，募集资金总额为人民币 100 亿元。本次股票发行完成后，九鼎集团的总股本高达 55 亿股，按照每股 20 元的定增价格计算，总市值一举跃升至 1100 亿元之巨。

站在“新三板”的风口，九鼎集团玩得风生水起。借力“新三板”，

---

① 私募股权投资基金，简称 PE。一般是指从事非上市公司股权性投资的基金。在交易实施过程中，PE 会附带考虑将来的退出机制，即公司首次公开发行股票（IPO）、兼并与收购（M&A）或者管理层回购（MBO）等方式。

② 有限合伙人，（Limited Partner，LP）。可以简单理解为基金投资人，在私募基金组织按投资额度承担有限的法律责任。

③ 普通合伙人，（General Partner，GP），可以简单理解为基金管理人，承担基金的投资决策和内部管理职能，除收取管理费以外，依据私募管理协议还要享受一定比例的利润，并承担私募基金的无限法律责任。

九鼎集团成为中国最大的本土投资机构之一。

中搜网络：红筹回归登陆"新三板"

在 2013 年，国务院发文决定"新三板"扩容的消息在国内资本市场上引起了强烈的反响。同年，中搜网络①的董事长陈沛接受了保荐券商中信建投证券的建议，决定在"新三板"申请挂牌。

中搜网络是一家拥有自主知识产权的高新技术企业，以第三代搜索引擎技术为核心，依托自主开发的移动客户端和网络平台，为个人及企业客户提供通用搜索服务、行业搜索服务和互联网解决方案。早在 2009 年，中搜网络就开始筹划在境外搭建红筹上市架构②，因为各种因素的限制，最终放弃在境外上市计划，决定回归 A 股。为了满足国内创业板首次公开发行股票（IPO）的条件，中搜网络在 2011 年至 2013 年实现了连续三年的盈利，且增长率超过 30%。但是生不逢时，正在中搜网络向中国证监会递交上市申请时，IPO 审核第八次暂停。

对于一家致力于第三代搜索引擎及相关技术的创新、发展和应用的互联网运营企业，为了保持盈利，就需要全面压缩支出，在新技术开发、产品研发创方面投入不足，若要实现技术赶超和突破，并保持行业领先地位，就成为一件不可能完成的任务。如果不上"新三板"，而是苦苦等待创业板，那就意味着中搜网络还要继续被绑架在财务报表上。中搜网络董事长陈沛总结说："为了财务报表，我们必须要放弃战略目标。为了目前的盈利，你要一直在老路上奔跑，不能转型。如果上'新三板'，这个问题

---

① 北京中搜网络技术股份有限公司，证券代码 430339。

② 所谓的红筹上市架构，也叫红筹模式，是指中国境内的公司（不包含中国香港、澳门、台湾）在境外设立离岸公司，然后将境内公司的资产注入或转移至境外公司，实现境外控股公司海外上市融资的目的。

就迎刃而解。”①

成功挂牌后，中搜网络在“新三板”受到了热捧。

2014 年 5 月，中搜网络定向发行股票融资 1 亿元；同年 11 月，又融资近 2 亿元。

2014 年，全年股票成交额高达 3.56 亿元，名列“新三板”第三名，股价连续翻番，市值更一度超过 44 亿元。

仁会生物：创新型企业蓬勃发展的机遇

如果某一家公司十几年如一日重点专注一个项目，主要产品需要两年才能上市销售，主营业务收入为零，年亏损金额近 600 万元。这样的公司想在 A 股申请上市，你认为有可能吗？答案是：纯属天方夜谭。

同样的一家公司在“新三板”上成功挂牌，这样的公司价值又会有多少呢？答案是：50 亿元。

仁会生物②研发的主要产品为谊生泰③，号称中国糖尿病领域的第一个原创新药。谊生泰一开始是由上海华谊生物技术有限公司（简称华谊生物）立项研发，在多年持续投入不见产出的背景下，2011 年底，桑会庆先生控股的上海坤健生物技术有限公司以 1.96 亿元全资收购华谊生物。2012 年，华谊生物更名为仁会生物。2014 年 8 月，仁会生物登陆“新三板”。在不到一年的时间内，通过四次定向发行股票融资约 4 亿元，截止到 2015 年 7 月 16 日收盘，仁会生物的市值已接近 50 亿元。

仁会生物是中国数量庞大的创新型企业的代表，这类企业专注于自身

① 《中搜 CEO 陈沛：中搜为什么要上新三板?》来源：中国网，http：//www.chinadaily.com.cn/hqcj/xfly/2014－07－17/content_ 12031049.html。

② 上海仁会生物制药股份有限公司，证券代码 830931。

③ 谊生泰是仁会生物的商品名称，它的学名为重组人胰高血糖素类多肽－1（7－36），通用名为“贝那鲁肽注射液”。

的研发，短期内不可能形成利润，他们面临的一个共同困境是：按照 A 股市场财务指标的要求，无缘登陆 A 股市场。同样从事生物工程创新药研发的诺思兰德[①]的董事长许松山曾表示，如果没有"新三板"，创新型企业想要融资，就需要创业者自己去找投资人，而且很难融到资金。

"新三板"给创新创业的中小微企业带来一个蓬勃发展的机遇，从根本上激发出创新创业的活力。

让专业的人有尊严地做专业的事。这不仅是中国梦的重要诠释，也是促进经济增长方式转变的重要手段。

---

① 北京诺思兰德生物技术股份有限公司，代码 430047。

CHAPTER 2

第二章 千帆竞发
中小微企业换道超车的机会

中小微企业是我国数量最大、最具创新活力的群体，在促进经济增长、推动创新、增加税收、吸纳就业、改善民生等方面具有不可替代的作用。

据统计，2015 年末，全国工商登记中小企业超过 2000 万家，个体工商户超过 5400 万户，中小企业利税贡献稳步提高。以工业为例，截至 2015 年末，全国规模以上中小工业企业[①]有 36.5 万家，占规模以上工业企业数量的 97.4%；实现税金 2.5 万亿元，占规模以上工业企业税金总额的 49.2%；完成利润 4.1 万亿元，占规模以上工业企业利润总额的 64.5%。中小企业提供 80% 以上的城镇就业岗位，成为就业的主渠道[②]。

---

① 从 2011 年起，规模以上工业企业起点标准由原来的年主营业务收入 500 万元提高到年主营业务收入 2000 万元。

② 《数据企业大数据：2015 年全国中小企业超 2000 万家》，中商情报网，2016 年 7 月 7 日。http：//www.sme.gov.cn/cms/news/100000/0000000113/2016/7/7/8211b116c9f6414c9143e4ae86dd030b.shtml

一、我国中小微企业的发展困境

中小微企业毫无疑问是经济发展和社会稳定的重要支撑力量，没有它们的健康发展就没有中国经济的未来。中小微企业的发展环境牵动着社会发展的脉搏。

（一）中小微企业的企业家及其管理团队的素质问题

改革开放以来，一大批企业家在自己熟悉领域里白手起家取得了成功。随着公司的发展壮大，市场竞争也趋于白热化，“互联网＋”正在带领新一轮技术革命，跨界经营不断地冲击着传统行业，产品的更新速度更加快，很多人的管理能力和知识结构都出现了问题。

调查结果①显示，我国中小企业员工的受教育时间平均仅为11.89年，大体相当于高中教育水平。高中及以下员工比例占了全部企业员工总数的3/4，其中初中及以下员工比例为31.61%，高中教育水平员工比例为44.43%，大专为14.84%，本科为8.15%，研究生以上为0.97%。

① 《2005年中国成长型中小企业发展报告》，《中小企业发展问题研究》联合课题组，2005年10月。

上述状况表明，我国中小企业员工的文化素质普遍偏低。当然，中小企业员工素质的这种构成与中小企业自身特点和自身发展阶段有着密切联系，一些劳动密集型企业不需要多高的劳动技能，但从长远发展来看，员工的基本素质是决定公司成长的关键因素之一。

随着“新三板”的发展，越来越多的中小微企业开始接触资本市场。很多公司的高级管理人员平时不注重学习相关业务知识，对资本市场的了解不够深入，使得市场中打着资本服务幌子的骗子机构大行其道，趁机捞钱。例如：2016 年 9 月，上海某公司以“全国中小企业股份转让系统专辑编委会”名义，向“新三板”挂牌公司及其他市场参与主体发出“《全国中小企业股份转让系统专辑》编委会邀请函”，邀请企业界专家学者担任专辑编委会委员，收取会费并提供有偿服务。

企业家群体应该是一群具有风险偏好的实干家，对于公司发展过程中出现的各种不确定性，能够通过不断创新来积极应对。企业家的管理能力和决策能力不仅需要先天的禀赋，更需要后天的系统学习和刻苦训练。掌握现代管理、投资决策的科学方法对公司长远经营尤为重要。

在信息互联网、知识经济和全球化的背景下，企业家必须树立接受终身教育的理念并躬身力行。

（二）我国中小微企业自身存在的问题

中小微企业大量集中于餐饮、批发与零售、低端消费品制造等传统行业，自我成长能力欠缺。传统行业的市场需求成熟稳定，并非没有机会，传统行业中的公司最大的问题是同质化问题。为什么会同质化？原因就是大家的想法都差不多，产品和服务没有什么科技含量，很容易被别人模仿，看别人搞成功了，马上就跟风上。传统行业进入门槛较低、技术含量不高、制造水平落后，盈利能力有限，抵御市场风险的能力差。面对瞬息万变的市场环境，一旦出现上游断货、下游欠款、资金周转困难等偶然事件，就会造成亏欠工资、债主封门、银行抽贷等不良后果。

国内的许多中小微企业在内部管理上也存在着许多不规范的问题，没能形成一套科学的管理体制，特别是公司财务管理和风险控制的作用没有得到充分发挥。有相当一部分中小微企业单纯追求销量和市场份额，忽视了财务管理体系的建设，财务目标不明确，财务人员任人唯亲，责任划分模糊不清，普遍存在缺乏资金使用计划，资金周转效率低下的问题。

我国中小微企业普遍缺乏创新意识，不重视产品和服务的品质改善，不愿意在技术创新方面投入资金，公司产品和服务附加价值低，盈利空间有限。经济新常态的环境下，创新是公司可持续发展的必然要求，并不意味着放弃原来的主业，传统行业更需要的是产品和服务的创新，同时探索如何依托新技术将主业做到极致。

（三）融资结构失衡、融资渠道单一

资金对于公司而言，如同血液对于身体一样重要。资金融通是否顺畅往往决定着公司的生死存亡。

公司融资方式大体可以分为内源融资和外源融资两类。不同类型的公司融资方式的选择是在一定的融资环境下理性选择的结果，市场经济中公司融资会主动选择适宜的融资结构。内源融资是指公司不断将自己的储蓄（主要包括留存盈利、折旧和定额负债等）转化为投资的过程。外源融资则是指吸收其他经济主体的储蓄转化为自己投资的过程。

我国中小微企业的发展资金主要依赖于内源融资。根据渣打银行对中国中小微企业融资状况的调查①（根据436份问卷统计），自有资金占60%

① 数据来源：博乐，《企业成长中的资金隐忧》，《进出口经理人》，2009年1期。

以上的公司有65%。在问及资金来源渠道时，有372家公司选择了自筹资金。

企业资金来源渠道

单位：家

自筹资金	银行贷款	民间借贷	股权融资	财政投入	内部集资	其他方式
372	369	134	97	63	47	40

我国中小微企业的融资渠道单一。调查结果显示，银行贷款和民间借贷是目前大部分公司获取资金的主要来源。当问及如果有外源融资需求，首先采取的融资方式时，94%的公司选择银行贷款。

由于资本市场的发展不成熟，中小微企业已经习惯于通过银行等中介机构获得间接融资，根本就不敢奢望通过股权交易和发售债券等直接融资方式解决资金短缺问题。

（四）中小微企业“融资难”“融资贵”

中小微企业的发展良莠不齐，整体信用程度不高。而银行等金融机构为了规避风险，在经营中必然设立非常严格的风险评价体系，只有极少数中小微企业能够顺利从银行获得信贷支持。中小微企业获得贷款难主要有以下几个方面的原因。

首先，许多中小微企业内部管理不规范、治理结构不健全、营收增长不稳健。中小微企业很大一部分属于家族企业，甚至还沿用经验式与家长制的管理，由于体制不健全以及管理制度不完善等原因，公司的存续发展完全取决于某个人对市场的判断，一旦出现偏差则影响整个公司。银行为确保资金的安全性，就会主动规避向中小微企业发放贷款。

其次，中小微企业缺乏抵押担保能力。如果是抵押贷款，一般的中小微企业可以提供的抵押物本来就少，并且银行给予抵押物折扣率又高。如果是担保贷款，中小微企业很难找到合适的担保人，效益好的公司不愿意给与自己无关的其他公司提供担保；效益一般的公司即使愿意承当担保人，银行又不接受；如果选择市场化的中介担保公司，费用高得让人无法接受。

最后，我国中小微企业信用等级制度不完善已经成为阻碍经济正常运转的重要因素。中小微企业的不良贷款率相对大型公司而言较高，仅仅是一小部分公司的失信行为就会影响到银行对中个微企业整体的信用评价。为保障贷款资金的回收率，银行通常更愿意向信用等级高且现金流量稳定的大型公司发放贷款。

中小微企业不但“融资难”，而且“融资贵”。银行向中小微企业发放贷款时一般都要在基准贷款利率基础上上浮一定比例，以弥补部分贷款风险，因此中小微企业的贷款利率高于市场平均水平。同时，由于银行对中小微企业的贷款还需要进行固定资产抵押登记、信用评估、财务审计，不仅手续繁杂，而且为寻求担保或抵押等，公司还要付出诸如担保费、抵押资产评估等相关费用。

二、构建多层次资本市场的重要一步

货币市场是指经营一年以内短期投资资金融通的金融市场。包括同业拆借市场、票据贴现市场、票据回购市场和短期信贷市场等。

资本市场是指证券融资和经营一年以上中长期资金借贷的金融市场，包括证券市场、债券市场、基金市场和中长期信贷市场等，其融通的资金主要作为扩大再生产的资本使用。证券市场是资本市场的重要组成部分，具有发行股票和债券的形式吸引中长期资金的能力，公开发行的股票和债券可以在二级市场中自由买卖，具有很强的灵活性。

资本市场是市场经济发展到一定阶段的产物，是公司所有权、经营权相分离的必然要求，是商业信用扩张的结果。需要资金的个人或机构可以通过货币市场筹集短期资金，通过资本市场筹集中长期资金，国家可以通过这两个市场调控金融和经济活动。

从 1636 年荷兰郁金香泡沫，到 1930 年引发的西方经济大萧条，再到 2008 年的全球性的金融危机，全球资本市场发展的历史说明，如果缺乏有效的监督管理，缺乏信息透明度，资本市场就会脱离实体经济而导致过度投机，给社会带来危机和灾难。可以通过立法机构颁布法律，政府依法设立监管机构进行监督，同时，也要鼓励社会化监督，如股东监督、中介机构监督和媒体监督等。当然，市场参与者的自我教育、自我约束和自我管理也是资本市场健康运转的重要方面。

毋庸置疑，人类经济活动中，资本是自货币诞生以来最伟大的发明。资本的发明，极大地推动了社会经济的发展。美国能够成为世界上规模最大的经济体，成为长盛不衰的超级大国，资本的力量厥功至伟。美国在国家独立后，经济基础建设相对薄弱，没有力量搞资本输出，属于纯粹的单向资本输入国，他们通过资本市场大量利用外资，在美国国内兴建铁路、实现工业化。统计表明，至 1914 年，美国所利用外资总额达到 72 亿美元，这对于当时美国的经济发展举足轻重，特别是对美国铁路的规模化建设功不可没。①

1850 年，美国已经修筑了大约 4538 公里的铁路。1850 年，美国铁路已经达到 14484 公里。1970 年，美国铁路超过 85000 公里，可以绕地球两周。1900 年，美国铁路运营里程达到 305775 公里，相当于当时世界铁路总里程的一半。

大规模的铁路建设需要巨额的资金，在政府政策的支持下，美国的铁路建设基本上采取组建铁路股份有限公司发行股票和债券，通过资本市场募集资本金。这是一种非常有效的资本筹措方式。②

马克思在《资本论》中有一段著名论述："假如必须等待积累去使某些单个资本增长到能够修建铁路的程度，那么恐怕直到今天世界上还没有铁路。但是，集中通过股份公司转瞬之间就把这件事完成了。"③

---

① 《试论外国资本对美国经济发展的作用》，作者：杨灿英，《南开经济评论》，1988 年第 5 期，第 61 - 66 页。

② 《美国 19 世纪铁路建设的特点及影响》，云南大学人文学院朱寿清，《昆明学院学报》，2010，32（2）：第 75 - 79 页。

③ 马克思：《资本论》第一卷，人民出版社，1975 年版，第 688 页。

我国的资本市场发展的时间相对较短，市场化程度不高。公开发行证券过分地依赖行政核准，审批程序复杂、时间周期漫长。资本市场的监管体系还存在缺陷，违规处罚措施缺乏严肃性，法律框架和监管制度、规则体系都需要进一步规范。最简单的一个例子就是“垃圾股”满天飞。因为很多拟上市公司 IPO 排队遥遥无期，被迫“借壳①”。“壳公司”长期经营不善、濒临退市，公司股票价格较低，俗称“垃圾股”。就是这样的“垃圾股”往往会成为“借壳”的对象。炒作“垃圾股”的暴利催生了市场上投资者对其他“垃圾股”的轮番炒作，导致整个证券市场的估值居高不下。

从社会资本总量的角度看，我国资本市场的融资规模还远远不够，大量的公司被排斥在资本市场之外。各地符合创业板的上市条件的公司不计其数，截止到 2017 年 10 月 9 日，创业板上市公司也不过 684 家，僧多粥少局面决定了创业板不可能从根本上解决中小微企业的融资难题。相对于主板，虽然创业板的上市门槛有所降低，但“最近两年净利润累计不少于一千万元”的条件仍然让许多小微企业望而生叹。而拥有高新技术的初创公司的一个重要特征就是“低利润”甚至“零利润”，这一类公司根本就不可能在创业板上市。

最近几年，商业银行的非利息收入占比已超过商业银行整体收入。2016 年上半年非利息收入占比达到 25.73%，较去年同期增加了 1.12 个百分点。16 家上市银行中，非利息收入占比最高的是中国银行，超过了 40%，较 2015 年大幅提高了 10 个百分点。招行、民生、建行、工行、交行和平安银行的非利息收入占比均超过了 33.33%。非利息收入占比最低

① “借壳”是指一家私人公司通过收购一家市值较低的已上市公众公司（壳公司）的股票，得到该公司的控股权，再利用其上市公司地位，使母公司的资产注入到上市公司。通常该壳公司会被改名。

的华夏银行也达到了22.74%。各大银行非利息收入的来源主要集中于代理委托、代客理财、担保承诺等业务[①]。

这种背景下，中小微企业通过银行来贷款只能是越来越难、越来越贵。要有效解决企业资本性资金不足的问题，不能以银行贷款为主要的融资渠道，只能充分利用资本市场，在资本市场的制度创新上找出路。

我国国民经济的庞大规模决定了公司通过资本市场融资不能仅仅依靠沪、深证券交易所，而必须通过中央和地方建设多层次的资本市场来完成。在主板、中小板和创业板市场以外，逐步建立和完善场外交易市场。打破银行业在中小微企业融资中的垄断地位，鼓励和促进中小微企业拓宽融资渠道，提高直接融资的比重。

经济的发展是具有一定层次的，公司的发展也是分阶段的。不同类型的公司，在不同发展阶段，其融资需求和条件是不一样的，多层次的资本市场才能够多方面地满足不同类型、不同发展阶段的公司需求。

首先，主板（包括中小板）为成熟的大型公司服务，这些公司具有一定较大的现金流量以及稳定的盈利能力。

其次，创业板为具有高成长性的中小企业和高科技公司提供服务，与主板市场相比，在创业板市场的上市条件相对宽松。

第三，“新三板”的市场定位是为创新型、创业型和成长型的中小微企业提供服务。

最后，区域性股权交易市场主要为种子期和初创期的拥有高新科技的小微企业服务。

新时代新常态，经济发展模式由过去的政府政策主导转向市场创新驱动，因而更需要提供多种类型的证券交易场所配合市场创新提供多层次的

---

① 数据来源：《2016年银行业运行分析》，国家经济信息中心经济预测部刘鹏，2016年11月25日。http：//www. sic. gov. cn/News/459/7217. htm

融资服务。多层次的资本市场可以吸引不同风险偏好的民间资金，将社会储蓄转化为产业投资，促进生产要素的有效流动，激发经济增长的活力。

在我国，间接融资占据主导地位，同时银行贷款偏重大中型企业，资金很难通过银行贷款配置到代表未来产业升级方向的中小微企业。随着多层次资本市场的建设和发展，可以降低中小微企业对银行贷款的依赖程度，由股权融资、债券融资取代银行贷款。

多层次资本市场能够提高企业直接融资比重，改善和优化融资结构，防范和化解金融风险。同时，多层次资本市场有利于引导公司引入国内外战略投资者和财务投资者，实施高级管理人员、核心员工股权激励计划，优化产权结构。

多层次资本市场有利于促进公司建立产权明晰的现代企业制度，完善法人治理结构，引导企业建立健全财务会计制度，依法规范经营管理。通过清产核资、清理债权债务、核实企业法人财产占用量、对无形资产①评估等方式界定企业产权，明确企业股东的持股比例，明晰投资主体和所有权。

多层次资本市场有利于保证高效率，最大程度上保障资本价值的实现。更多的投资者的预期收益兑现了，社会中的高净值阶层才愿意将银行储蓄转化为证券资产，整个社会的资本总量才能够逐步增加。市场经济的坚实基础是资本投资主体的多元化，没有充裕的资本存量，市场经济就会出现周期性波动，影响社会稳定和长治久安。

针对多层次资本市场的定位和特点，需要政府主管部门通过创新监管制度做出合理安排，这有利于我国资本市场整体协调发展。

---

① 无形资产是指企业可以长期拥有和控制、可以有效界定、没有实物形态、能够带来超额经济利益的非货币财产，包括知识产权、土地使用权等。股东可以用非货币财产出资，作为出资的非货币财产应由具有专业资质的资产评估机构来评估作价。

单一的资本市场在资源配置方面的功能有限。试想一下，如果将不同风险偏好的投资者集中在同一个市场内，会怎么样？这不仅不能满足各个层次、各个阶级的公司融资的需要，反而会因为资本“嗜利”的本性，助长市场中短期投机行为。高预期高风险的项目反而更容易被追捧，劣币驱逐良币，导致资源被错误配置。

理论上讲，只有通过对资本市场分层次管理，才能满足多样化的供给与需求，才可能高效率地实现供求均衡，资本市场才能全面、协调和可持续发展。

构建多层次资本市场的课题具有鲜明的中国特色，西方发达国家一般不存在这方面的困惑。我国的资本市场从 20 世纪 90 年代开始，只有短短的 27 年历史。首先成立的是主板市场，深圳和上海的证券交易所开办得最早。然后由深圳交易所承办了中小企业板和创业板。最后，2013 年国务院才批准设立的全国性的“新三板”市场。

设立全国性的“新三板”市场是多层次资本市场标志性事件，也使中小微企业融资难、社会闲置资金投资难的问题得以破题。伴随着“新三板”的发展，挂牌公司良好的成长性吸引了大量民间资本进入，创新创业公司的融资环境得到了进一步改善，很大一部分中小微企业通过资本市场服务实现了规范治理和良性发展。

三、中小微企业为什么要挂牌“新三板”

如果有人说他会拒绝向银行申请信用卡，并且拒绝的理由是“如果申请信用卡，就要向银行公开存款、购买不动产和动产以及工资收入等个人信息，会给自己带来麻烦”——在二十年以前，也许会有人表示同意。而在当今，每个人听了都会笑掉大牙。随着社会的发展，向政府部门、金融、医疗、教育、商业、交通和电信等机构提供个人信息已经很平常，这样做并没有给人们的日常生活带来灾难。相反，建立和完善社会信用制度，极大地降低了社会沟通的成本，提升了每一个人的工作效率和生活质量。

公司的发展不但要注重商业价值，更需要肩负社会责任。社会责任并不仅限于投资者利益保护，还将涉及环境污染、食品卫生、药品安全、劳动者权益等公众关心的诸多问题。

起初，企业的信息披露更多的源于强制性要求，政府根据法律或规定强制相关公司进行信息披露。社会舆论监督也会促使知名公司进行披露，如果一个公司不重视社会责任，必然对公众形象、商业信誉以及市场占有率造成不利影响。当越来越多的公司通过主动信息披露提高社会影响力，塑造社会形象，会给竞争者造成舆论压力，这时，会有更多的企业主动选择信息披露。未来，商业社会的信息透明度会越来越高，公司主动披露社会责任信息报告案例也会越来越多，披露的程度也会越来越高。

不要去说什么自己公司做的是“独门”生意，供应商和客户如何金贵，容不得半点儿地信息披露。注重社会责任的公司，必将会从市场中获得更大的回报。随着社会的进步，这类视公开披露为洪水猛兽的企业今后会越来越少。

目前，“新三板”上信息披露违规的现象比较突出，造成这些现象主要原因是主办券商督导不力、企业对信息披露的重视不够，企业相关负责人对市场规则不熟悉等。如果一个企业家的格局宽广、理想远大，就不应该把信息披露当成负担，而应该把信息披露看作企业进入资本市场和建设商业信用应该履行的基本功。

中小微企业在经营规模、经营能力、盈利能力、现金流表现、发展能力和在供应链中的地位等指标的整体表现较差，信用风险较高，大型金融机构的银行都嫌弃，凭什么股票在“新三板”挂牌，立马咸鱼翻身，风流儒雅了？在“新三板”市场上能顺利融资，唯有积极配合主办券商的持续督导、认真履行信息披露的义务，完善内部治理机制，规范运营、诚实守信，保护好投资者的利益。

资本具有提高劳动生产力、为社会创造财富的力量，它是市场经济持续繁荣的生命线，是社会发展和进步的根基。公民可以直接将储蓄投资于实业，在工商部门登记备案，成为某公司的股东，促进资本形成。另一方面，初创企业也可以直接从天使投资、风险投资和私募基金等机构获得资金，被资本发现。

虽然增加社会的资本存量并非只能通过资本市场才能完成，但是，资本形成以后在二级市场中流通主要还是要借助于成熟的资本市场。

作为创新创业的成长型中小微企业进入资本市场最便捷的通道，“新三板”首先被赋予了一级市场的功能。“新三板”市场在准入标准、分层管理、信息披露、行政监管和自律管理等方面的制度保证了资本形成的透明度和高效率。同时，依托于全国股转公司和中国证券登记结算有限责任公司开发的全国股份转让登记结算系统，“新三板”还被赋予了二级市场的功能，能够很方便地公开转让股票，实现资本的流通。

（1）“新三板”证券账户与深交所A股证券账户合并，持有深交所A股证券账户即可进入“新三板”系统进行交易。

（2）“新三板”实现了电子化报盘系统，投资者可通过主办券商的客户终端自动报盘，方便交易。

（3）投资者还可以在主办券商的营业网站或通过行情软件方便地查看挂牌公司股票的报价、成交等信息。

如果某一个国家的人民凭一已之力无法创造资本，或者无法实现资本的流通，那么，他们即使能够以惊人的热情和卓绝的努力投身到热爱的事业中，却也很难实现财富的积累。为什么会出现这样奇怪的现象？不是说“一分耕耘，就有一分收获”“辛勤加汗水就等于成功”吗？秘鲁著名经济学家赫尔南多·德·索托①的畅销书《资本的秘密》中给出了答案。

德·索托及其团队研究发现，贫困国家的穷人掌握财产的方式，有着相当大的缺陷：他们的房屋建筑在所有权记录不够完善的土地上；他们的公司即没有法人地位，也没有明晰的职责；企业处于金融家和投资者视野之外；他们的财产权利没有得到可靠的登记和确认，无法顺利转化成方便交易的资本。他们的交易只能在彼此了解和信任、范围狭隘的熟人圈子中

① 赫尔南多·德·索托是秘鲁著名的经济学家，目前是秘鲁自由与民主学会的主席。德·索托被《时代》和《福布斯》杂志称为世界是最具号召力的改革家之一。如今，他正在为世界20多个国家和政府制定所有权改革计划，同时为亚洲、拉美和中东的贫困国家制定和推行“资本形成”计划。

进行，而不能延伸到开阔的市场上。他们的财产，即不能作为抵押物而获得投资，也不能投资为股票。与之形成鲜明对比，在西方发达国家，每一块土地、每一座建筑、每一台设备、每一件库存，都在所有权文件中得到过表述。他们的资产与其他领域的经济活动紧密相连。所有权文件成为这一庞大、潜在的生产过程的可见标志。得益于这种表述，财产可以作为贷款抵押物使用。

在美国，开办新型企业的一个最重要的资金来源就是企业家房产的抵押贷款，这些财产能够作为资产所有人的信誉证明，它们是用来偿还债务、缴纳税款的保障，是建立可靠而普遍的公共管理设施的基础，也是发行有价证券（譬如背书抵押债券）的基础。这些有价证券还可以在二级市场上销售和再贴现——通过这一系列过程，西方国家最终能够为资产注入活力，并使它们成为通用的资本。

正是因为缺乏这种表述体系，大多数的贫困国家处于资本不足的局面。这就如同一家资本不足的公司，它发行的有价证券的价格将明显低于公司的收入和资产的实际价值。这些国家穷人创办的公司，根本无法依赖发行股票或债券而获得投资。换言之，没有上面的表述体系，他们的资产就是一种“僵化”资本。①

“新三板”就是一种促进资本形成的表述体系：

（1）“新三板”是由国务院批准设立，是国家级层面的场外交易市场，战略地位高；

（2）“新三板”挂牌过程中，要求主办券商、律师事务所、会计师事务所等证券服务机构共同参与，前提条件就是公司股权清晰，股东出资合法合规，公司财产的权属没有纠纷，财产权转移手续办理完毕；

---

① 《资本的秘密》，作者：［秘鲁］赫尔南多·德·索托，译者：于海生，华夏出版社，2007年1月第1版。第5页。

（3）公司在“新三板”挂牌的准入条件相对较低，具有一定的普遍性；

（4）“新三板”股东证券账户和股份登记所有权明确，具有充分的法律效力；

（5）“新三板”的全国股份转让登记结算系统电子化，有利于资本的流转等。

大部分公司在“新三板”挂牌以前，股东的股权确认需要在律师和审计师协助下签署“股东协议”“投资协议”或“增资协议”等一系列法律文件来约定，然后再通过修改“公司章程”在工商部门备案予以确认，除非企业最终上市 IPO，否则相关股权转让的手续烦琐复杂。并且，投资人稍有疏忽，就会形成纠纷。大小股东因为股权的份额吵个面红耳赤的案例屡见不鲜，甚至要闹到去法院打官司。

公司有合理的融资需求，选择在“新三板”挂牌，这非常值得鼓励。那么，到底什么是合理的融资需求呢？说直白一些，公司融资并不是缺米下锅，更多的情况是寄希望于通过融入资金快速复制成功的商业模式，发展壮大。投资人相信自己的投资未来会有预期的回报，才会拿出真金白银。

资本市场不是公益慈善的平台，少期望有雪中送炭，更多的往往是锦上添花。

“新三板”改变以往中小微企业无法与资本市场实现对接的难题，也使不同风险偏好的投资者增加了一个可供选择的投资渠道。投资者获得利润的渠道越多，资本市场的发展也愈加繁荣。

生活不只是眼前的苟且，还有诗和远方。

四、中小微企业挂牌“新三板”的好处

新时代，市场竞争的压力也越来越大，部分中小微企业凭借自身的内部积累，已经无法快速实现规模化发展的目标。很多行业如果形成不了规模就没有竞争力。试想当年阿里巴巴如果没有拿到高盛、软银以及雅虎等机构持续的投资，湖畔花园的公寓里的“十八罗汉”还会在今天齐聚一堂吗？杭州黄龙体育场盛大的“十八周年”年会或许也不复存在。

公司的发展如同在高速公路上行车，专用车道、快车道和普通车道的限速不一样，每一条车道的路况也有差别，车辆密度也不尽相同。通过换道超车提高行车速度是必然的选择。沪深证券交易所相当于专用车道，小微企业可望而不可即。“新三板”是多层次资本市场重要基础设施，全国性的场外交易市场，刚开通的快车道。中小微企业应该争取到“新三板”上挂牌，抓住多层次资本市场建设带来的历史机遇，换道超车，实现快速发展。

公司上市是很多创业者的梦想。现实生活中总有那么一些公司，明明已经达到上市条件，但是依然不上市。公司是否上市，一方面取决于这家公司的价值观，另一方面也和相关法律和制度缺失有关。

（一）“新三板”有利于挂牌公司股票形成公允价值

挂牌公司的股票可以在“新三板”上公开转让。“新三板”提供的股票转让的方式主要有三种：协议方式、做市方式和竞价方式（尚未实施）。

股票获得公允价值，股份增发、股权质押的操作就有了依据，操作起来就相对容易。随着“新三板”市场的发展和完善，会有更多的风投、PE将“新三板”挂牌公司列入拟投资的数据库，甚至还会有专门的“新三板”投资基金、并购基金的陆续出现。

股票获得公允价值，将增强股东长期持有股票的信心。即使股东暂时缺乏现金，也不需要立即出售股票，而可以选择通过金融机构对股权价值进行评估而申请股权质押贷款。目前，“新三板”质押登记和解除（含部分解除）质押登记业务已实现中国结算京、沪、深分公司柜台业务的互通互联。2016 年 9 月，“董秘一家人”创始人崔彦军指出，“新三板”质押方类型多种多样，其中：商业银行是“新三板”主要的股权质押权人，占比超过四成；其次是券商、担保公司、资产管理公司、小额贷款公司在内的非银行金融机构，占比 50%；还有 10% 的自然人。

股票获得公允价值，将进一步提升企业的融资功能。企业经营从传统商业的利润导向升级为资本运营的市值管理，借助资本市场的力量，不断扩大经营规模。企业存在的价值就是获得合理的利润，当一个企业缺少资金融通的渠道，现实所迫只能通过追求短期利润才能得以生存，经营者很可能牺牲技术创新研究和规模化扩张的机会。

通过资本市场，企业融通到长期的发展资金，就会加大创新方面的投资，更好地满足客户的需求，提高市场占有率。同时，还可以快速复制成功的商业模式，实现规模化的发展。

（二）“新三板”有利于挂牌公司开展资本运营

融资效率有望进一步提升。在“新三板”挂牌公开转让股票的企业向特定对象发行股票后股东累计不超过200人的情况，只要发行对象符合一定的条件[①]，中国证监会豁免核准，由全国股转公司自律管理。并且，定向发行条件相对宽松，允许一次核准，分期发行。自中国证监会予以核准之日起，首期发行在3个月内进行，剩余数量在12个月内发行完毕即可。首期发行数量应当不少于总发行数量的50%，剩余各期发行的数量由公司自行确定。

2015年初，圣泉集团[②]审议通过定向发行股票的方案，因股东人数超过200人，其定向发行股票方案提交中国证监会审核，中国证监会从受理到核准仅用了20个自然日，相较于A股上市公司再融资动辄三个月以上的审核时间，新三板定向发行股票的审核如此快速，备受市场赞叹。

“新三板”提供了定向发行普通股、定向发行优先股、非公开发行可转债等多种资本运营工具，鼓励挂牌公司进行并购重组，实现产业融合，以获得新的市场资源。

越来越多的挂牌公司，以行业的竞争优势为背景，根据未来的发展方向，凭借“新三板”这个资本平台，勇于实践，大胆尝试，制定出合理的并购重组模式。资本运营将成为“新三板”挂牌公司优化股权结构、引入战略合作伙伴、整合行业供应链结构和提升市值的有效手段。

（三）挂牌“新三板”有助于提升公司的品牌价值

公司树立品牌形象主要有三种方式，打广告、做活动、树口碑。在

---

① 指发行对象应用符合《非上市公众公司监督管理办法》第三十九条的规定。

② 济南圣泉集团股份有限公司，证券代码830881。

“新三板”上挂牌，也是一种广告宣传，挂牌得越早，对公司品牌宣传产生的积极作用越大。挂牌“新三板”有助于公司更加规范化，阳光化发展。走向公众化，资源和品牌效应聚集，在经济新常态下的培育市场竞争力。

公司能够在“新三板”挂牌，说明公司在内部治理、运营管理等方面合乎规范、相对完善，表明该公司建立了会计核算体系、财务管理和风险控制等规章制度，财务报告真实可靠及运营行为合法合规，在可持续发展方面得到主办券商的认可，同时也意味着该企业的信用风险较小，有利于提升公司的品牌形象和社会美誉度。

“新三板”平台本身就具有广告宣传的效应。持续的信息披露、公开的股票转让，机构投资者和证券分析师的调查分析报告，各路媒体对公司新动向的跟踪报道，投资者的实时关注，这些都极大地提高了挂牌公司的曝光度，也提高了公众对公司的认知度。

以新眼光①为例。2012 年 9 月，上海新眼光正式挂牌“新三板”。新眼光之所以申请挂牌“新三板”，一来是想用“新三板”作为登陆创业板的过渡期；二来，“新三板”也的确为新眼光扩大了知名度。由于是扩容后首批踏入“新三板”的企业，各路媒体和政府部门对新眼光都关注有加。

“上了‘新三板’，客户也会放心很多，不用担心过两年你就倒闭了。同时，上‘新三板’对于企业规范运作是非常有益的，因为挂牌要符合信息披露、财务管理、内部机制等规范。虽然不是上市，但也是公众公司了，员工团队也会为此感到自豪。”汤德林董事长如是告诉记者。②

---

① 上海新眼光医疗器械股份有限公司，证券代码 430140。

② 《新眼光的新三板之路》，记者：高文婧，第一财经日报，2012 年 9 月 22 日。http://www.yicai.com/news/2101888.html

（四）“新三板”有利于挂牌公司施行股权激励计划，吸引人才、留住人才

华为为什么不上市？任正非先生称，上市不仅会增加各种费用，还会改变现有的股权结构。华为几万员工持股，这是赶超同行业其他企业的重要因素。在其《一江春水向东流》一文中，任正非先生道出了华为员工持股制度的产生过程。“我创建公司时设计了员工持股制度，通过利益分享，团结起员工。那时我还不懂期权制度，更不知道西方在这方面很发达，仅凭自己过去的人生挫折，感悟到要与员工分担责任，分享利益”。

1990 年，华为第一次提出内部融资、员工持股的概念。1998 年，华为通过考察期权激励和员工持股计划，提出了“虚拟股激励”制度，华为特色的“虚拟股激励”制度有效解决了快速发展过程中的融资问题。

为了合理、高效地激励内部员工，世界上大大小小的公司纷纷推行了各种各样的股权激励机制。所谓股权激励，就是通过员工获得公司股权的形式，享有一定经济权利，使他们能够以股东的身份参与企业决策、分享利润、承担风险，从而勤勉尽责地为公司的长期发展服务的一种激励方法。

在美国，几乎所有的高科技公司、95% 以上的上市公司都实行了股权激励制度，股权激励收入一般占员工薪酬收入的 30% 以上。股权激励在我国并不是陌生的现代词汇，包括海尔、联想、华为、娃哈哈等许多公司在很早以前就开始实施了。

“新三板”有利于通过适当的制度安排，为挂牌公司施行股权激励计划创造条件。

CHAPTER 3
第三章　早为之所
挂牌“新三板”的前期指引

中小微企业在发展的过程中希望融通更多的资金，必须拓展直接融资的渠道。而“新三板”因其制度上的包容性，日益成为中小微企业促进资本形成的最佳选择。

截至 2017 年 8 月末，“新三板”挂牌公司数量为 11551 家，总市值超过 5 万亿元，分别是市场初建期的 32 倍、92 倍，覆盖了全国所有的省域和全部的行业门类。

近五年来，共有 5029 家挂牌公司完成股票发行，实现股权融资 3503.02 亿元，另有 5571 家公司依托“新三板”通过专项金融产品等方式获得了银行贷款合集 4871 亿元。①

① 《〈中国新三板创新与发展报告（2017）〉发布》，记者：王子霖，中国证券网，2017 年 9 月 3 日。http：//company. cnstock. com/company/scp_ gsxw/201709/4124857. htm

一、了解“新三板”的监管及服务机构

（一）中国证券监督管理委员会（简称中国证监会）

中国证监会是依照法律、法规成立的国务院证券监督管理机构，负责统一监督管理全国证券期货市场，维护证券期货市场秩序，保障其合法运行。

1992 年春天，邓小平的南巡讲话揭开了中国资本市场发展的序章。

1992 年 10 月，中国证券监督管理委员会的设立。中国证监会设在北京，现任主席刘士余，纪检组长王会民，副主席姜洋、李超、方星海、赵争平，主席助理黄炜、宣昌能、张慎峰。

中国证监会内部设 21 个职能部门，设 1 个稽查总队，设信息、研究、行政 3 个中心。中国证监会还设有股票发行审核委员会和行政处罚委员会。中国证监会在省、自治区、直辖市和计划单列市设立 36 个证券监管局，以及上海、深圳证券监管专员办事处。

现阶段，我国股票市场的市场化程度不高，完全置于证券监督管理部门的直接监管之下。一旦股市持续上涨偏离了政府监管的预期目标，或者

股市持续下跌有可能引发金融风险，中国证监会就会出台政策措施予以调整。例如：1994 年 7 月底上证指数下落到 333 点，中国证监会于 7 月 29 日出台了“救市三项政策”；1999 年 5 月，鉴于股市长期低迷，证监会起草的《关于进一步推进和规范证券市场发展若干政策的请示》获得国务院正式批准，由此引发了著名的“5. 19”井喷行情；2015 年 3 月，A 股开启“杠杆牛市”，从 2015 年 6 月 12 日上证指数创出 5178 点高点后，可怕的“千股跌停”开始了，在国务院的统一领导下，中国证监会也开始组织积极的救市措施。

由于中国的股市走势经常受到政府监管部门政策因素的影响，所以，有了“政策市”“消息市”之称。

中国证券市场正如一个朝气蓬勃、风华正茂青年人，偶尔会有一些慷慨激昂的言辞，偶尔也会犯一些毛手毛脚的小错。但应该看到这个行业整体尚处于兴起阶段，总有一天会蓬勃发展到繁荣昌盛。

最近五年以来，我国股市总市值增长近 1. 5 倍，总市值稳居世界第二位。同时，我国证券行业在资本实力、发展理念、服务质量、规范水平、市场竞争力等方面都有了显著提升和改善。

当前，中国社会发展进入新时代，这就要求资本市场应当具备更强的服务实体经济的能力，促使资本形成和促进资本流通，完善多层次资本市场体系的建设。

根据 2013 年 12 月 14 日国务院发布的《关于全国中小企业股份转让系统有关问题的决定》，“新三板”挂牌公司依法纳入非上市公众公司监管，股东人数可以超过 200 人，接受中国证监会的统一监督管理。股东人数未超过 200 人的股份公司申请在“新三板”挂牌，中国证监会豁免核准。挂牌公司向特定对象发行证券，且发行后证券持有人累计不超过 200 人的，中国证监会豁免核准。依法需要核准的行政许可事项，中国证监会应该建立简便、快捷、高效的行政许可方式，简化审核流程，提高审核效率，无须再提交中国证监会股票发行审核委员会审核。

（二）中国证券业协会（简称证券协会）

证券协会是证券业的自律性组织，是社会团体法人，依据《中华人民共和国证券法》[①] 和《社会团体登记管理条例》的有关规定，接受中国证监会和国家民政部的业务指导和监督管理。

证券协会成立于 1991 年 8 月 28 日。

2017 年 6 月 17 日，证券协会召开了第六次会员大会，陈共炎当选为会长，欧阳昌琼当选为执行副会长。目前，协会设置 19 个管理部门、22 个委员会以及 1 个培训中心。

证券协会实行会长负责制，最高权力机构是由全体会员组成的会员大会，理事会为其执行机构。

证券协会的宗旨：

（1）在国家对证券业实行集中统一监督管理的前提下，进行证券业自律管理；

（2）发挥政府与证券行业间的桥梁和纽带作用；

（3）为会员服务，维护会员的合法权益；

（4）维持证券业的正当竞争秩序，促进证券市场的公开、公平、公正，推动证券市场的健康稳定发展。

证券协会的会员分为个人会员和团体会员。个人会员只限于证券市场管理部门有关领导以及从事证券研究及业务工作的专家，由协会根据需要吸收；团体会员包括证券公司、证券投资咨询公司、证券资信评级公司，

① 2014 年 8 月 31 日中华人民共和国主席令第十四号公布，自公布之日起施行。

还包括证券公司私募基金子公司、证券公司另类投资子公司，以及基金公司、期货公司、私募基金、商业银行、依托公司、金融资产管理公司、财务公司、保险公司、信用增进机构、会计师事务所、律师事务所等。根据《证券法》规定，证券公司应当加入中国证券业协会。

截至2016年年底，协会共有会员1123家，其中，法定会员129家，普通会员845家，特别会员149家。

“新三板”的前身为代办股份转让系统，该系统由证券协会负责自律性管理，由证券协会委托深圳证券交易所对股份转让行为进行实时监控，并对异常转让情况提出报告。

2012年9月，全国股转公司登记注册。2013年1月，中国证监会明确规定由全国股转公司接替证券协会负责“新三板”的日常运营和管理。

2015年7月，经中国证监会批准，证券协会发布《场外证券业务备案管理办法》，明确规定“新三板”上的证券交易不需要进行场外证券业务备案。

（三）全国中小企业股份转让系统有限责任公司

全国股转公司是“新三板”的运营机构，2012年9月20日在国家工商总局注册，2013年1月16日正式揭牌运营。中国证监会发布《全国中小企业股份转让系统有限责任公司管理暂行办法》，明确规定全国股转公司负责“新三板”的日常运营和管理。

目前，全国股转公司形成了党委领导下的股东会、董事会、监管会以及管理层的治理结构，内设16个部门。现任党委书记兼董事长谢庚，副董事长兼总经理李明。

“新三板”是经国务院批准设立的证券交易市场，也是我国第一家公司制运营的规模最大、规格最高的场外交易市场。全国股转公司坚持以信息披露为核心，致力于维护公开、公平、公正的市场环境，保证“新三板”的正常运行。全国股转公司负责组织和监督挂牌公司的股票转让及相关活动，为各参与人提供优质、高效、低成本的金融服务。

全国股转公司主要职能包括：

（1）提供证券交易的技术系统和设施；

（2）制定和修改全国股转系统业务规则；

（3）接受并审查股票挂牌及其他相关业务申请，安排符合条件的公司股票挂牌；

（4）组织、监督证券交易及相关活动；

（5）对挂牌公司及其他信息披露义务人进行监管；

（6）对主办券商、律师事务所、会计师事务所等“新三板”证券服务机构进行监管；

（7）管理和公布“新三板”市场的相关信息等。

（四）中国证券登记结算有限责任公司（以下简称中国结算公司）

中国结算公司是经中国证监会批准，依据《中华人民共和国公司法》①（以下简称《公司法》）和《中华人民共和国证券法》（以下简称《证券法》）设立的，不以营利为目的的企业法人。中国证监会是中国结算公司的主管单位。

中国结算公司于2001年3月30日设立，上海、深圳证券交易所分别持有公司50%的股份。

2001年10月1日起，中国结算公司承担上海、深圳证券交易所全部

---

① 2013年12月28日中华人民共和国主席令第八号公布，自2014年3月1日起施行。

证券的登记结算业务，《证券法》规定的全国集中统一运营的证券登记结算体制由此形成。

中国结算公司设立股东会、董事会、监事会和经营管理层。现任党委书记、董事长周明，副董事长、总经理戴文华。中国结算公司总部内设16个部门（含1个工作组），下设上海、深圳、北京三家分公司及中国证券登记结算（香港）有限公司、中证证券期货业信息基地建设公司两家全资子公司。

作为中国资本市场最重要的金融基础设施，中国结算公司的宗旨是秉承安全、高效的基本原则，根据多层次市场加快发展的需要，健全完善集中统一的登记结算体系，为登记结算系统各类参与者参与场内场外、公募私募以及跨境证券现货和衍生品投融资提供规范、灵活、多样的登记结算服务。

根据《全国中小企业股份转让系统有限责任公司管理暂行办法》第十四条的规定，“新三板”的登记结算业务由中国结算公司负责。由全国股转公司与中国结算公司签订业务协议，并报中国证监会备案。

“新三板”证券交易结算系统，包括全国股转让公司开发建设的交易支持平台和中国结算公司开发建设的全国股份转让登记结算系统，是多层次资本市场的重要基础设施。

二、想明白了再去谈挂牌

一切不以结婚为目的的恋爱都是要流氓，一切不以白头偕老为目的的结婚都是谋财害命。

每一家公司都要从自身的实际情况以及对资本市场需求的迫切性方面权衡，想明白了再去谈挂牌。公司的管理层要充分了解自己的企业上“新三板”的优势、劣势，积极探讨为什么要去“新三板”挂牌，了解如何选择主办券商和财务顾问，避免因为不了解政策，盲目挂牌，最后骑虎难下，劳民伤财，严重得甚至拖垮公司。

要在“新三板”挂牌，首先要对公司的发展有中长期的规划，现在是什么样的一种状况，计划发展到什么样的规模，能够承诺出什么样的利润水平；或者说，公司的创新能力在某一个细分行业里面具有明显的影响力，研发工作处于哪一个阶段？还需要做什么工作？什么时候能够达到量产？

截止于 2017 年 3 月 16 日，新三板 10887 家挂牌公司中，一直没有融资或交易的公司有 4461 家，考虑到挂牌时间过短的因素，剔除了 2017 年挂牌的公司，符合“僵尸股”特征的还剩下 3760 家，占挂牌公司总数的34.61%。[①]

虽然“新三板”上的“僵尸股”的界定，需要用更多的维度来考虑，不能仅仅从融资和交易的频度概而言之，但是不排除一些挂牌公司企图浑水摸鱼，只奈何落花有情流水无意；或者说公司在挂牌前根本就没有对接资本市场的任何设想，仅仅是因为有政府的专项补贴而盲目来挂牌。白白浪费宝贵的社会资源，今后还要承担额外的保壳费用，天长日久，难免会产生主动要求退出“新三板”的心思。

“新三板”从试点推广到全国，市场门槛相对较低，股票流通功能逐渐活跃，为众多中小微企业提供了资本突破的机会。“新三板”的融资机会增加、适当性按理的合格投资者渐多、投资价值容易被资本发现，越来越多的企业蜂拥而上，不想错失机会。

（一）通过制度的漏洞投机取巧，不能成为社会的正能量

“新三板”的造富神话被不断放大，以及投资者的非理性参与，让“新三板”市场的风险迅速膨胀。

有一部分企业被“新三板”市场中借壳现象吸引而匆忙挂牌，这种想法不健康，也非常危险。按新京报记者2015年9月的调查，由于“新三板”的定向发行市场被越来越多的公司青睐，“新三板”上借壳传闻也此起彼伏。一些金融、投资的微信群里，几乎每天都有人求购或叫卖“新三板”上的壳公司。2015年3月、4月，比较干净的壳公司的价格在500万元到1000万元之间，而到了同年9月，报价已经超过2000万元。[②]

“借壳”的现象主要是制度设计存在缺陷造成的。社会上某些公司的

---

① 《1/3新三板公司成“僵尸股”，但这是一座大金矿》，作者：读懂新三板，全景网《WE言堂》专栏特约。http：//www. p5w. net/weyt/201703/t20170328_ 1750329. htm

② 《新三板借壳调查：壳费2000万起步》，记者：罗超，新京报，2015年9月16日。http：//epaper. bjnews. com. cn/html/2015 –09/16/content_ 598189. htm？ div = –1

自身资质、历史沿革或存续时间等方面不符合挂牌条件，在短期内根据标准进行整改很难奏效，通过资产并购重组，却可以较轻松地绕过地雷阵成功挂牌。“借壳”成为奔向“新三板”的应急车道。

2015 年 4 月 15 日，对于“新三板”中频繁发生的“借壳”传闻，全国股转公司副总经理、新闻发言人隋强表示，在涉及“新三板”的“借壳”案例中，不排除某些方面利用信息不对称牟取利益。全国股转公司支持企业通过并购重组进行正常的行业、业务整合，同时会加强市场监控和交易监察，严厉打击利用“借壳”炒作、从事违法违规行为。①

今后，全国股转公司对“借壳”的监管主要有两点：一是不能让参与者通过“借壳”轻松越过“新三板”挂牌标准；二是强调自律管理，提高审核效率，减少审核排队时间。

全国股转公司宜避免通过细化或解答悄然提高挂牌门槛，让各方参与者手足无措。提高挂牌条件并不能规避风险，反而会增加反馈回复的频次，造成审核积压。时间就是金钱，“借壳”能够节约出来的时间，就会成为壳公司的价值。

（二）急功近利的想法要不得

还有一些公司的股东们期望能够挂牌“新三板”，通过公开转让股票暴富，这是一种急功近利的想法。

实际上，“新三板”中最大的风险就在于挂牌股票的质量难以支撑较高的估值。挂牌不等于上市，在“新三板”挂牌和在沪深证券交易所上市，完全不属于同一个层次。

鱼翅和熊掌不可兼得。一方面，“新三板”的企业挂牌门槛相对较低，

① 《隋强：新三板挂牌没有必要借壳》，记者：吴黎华，经济参考报，2015 年 4 月 15 日。http：//jjckb. xinhuanet. com/2015 －04/15/content_ 544532. htm

大量的中小微企业蜂拥而入，股票的数量持续不断地增加；另一方面，“新三板”建立了投资者适当性管理制度，以机构投资者为主体，对个人投资者严格管控。在价值投资为主流的情况下，寄希望于“新三板”很强的流动性不现实。

从成长的角度来看，“新三板”挂牌公司拥有着喜人的增长率，但从规模的角度看，“新三板”依然是以中小微企业为主体的市场。中小微企业由于股本规模相对较小，现金流量的稳定性较差，最大的特点就是波动性强。根据Wind统计数据，2016年，已发布年报的10555家“新三板”公司共实现净利润1145.44亿元，同比增长11.43%，低于2015年49.97%的增速。值得注意的是，2016年亏损公司数量在大幅增加。在上述10555家“新三板”公司中，2122家公司2016年亏损。总体看，2016年“新三板”公司盈利放缓。2015年共有9530家公司实现了盈利，而2016年只有8433家；2015年共有7703家公司实现净利润同比增长，而2016年只有6016家。

目前，“新三板”股票的市盈率仍然维持在较高的水平。从估值角度看，“新三板”做市转让部分的整体估值水平已经接近主板市场的中小板。随着定向发行价格不断攀升，参与“新三板”定向发行的风险也急剧增加。据有关媒体报道，[①] 上海昌瑞投资有限公司就是因为借钱认购了一家“新三板”挂牌公司定向发行的股票，高价被套，资金周转不灵，最终导致破产。昌瑞投资名下4家“新三板”公司的股权在3月23日被法院拍卖，拍卖价格打了五折。关注早期“新三板”市场的人，对此一定不会陌生。昌瑞投资是“新三板”的定向发行股票认购大鳄，陆续参与了中海

① 《“新三板”定增大鳄昌瑞破产记》，记者：谷枫，来源21世纪经济报道，金融界，2015年4月16日。http：//finace. jrj. finaze. com. cn/2015/04/16041919104928. shtml？ to = pc

阳[①]、现代农装[②]、中科联众[③]、联飞翔[④]等数家“新三板”企业的定向发行。

（三）对接受公众监督要有准备

每个企业家要想明白，“新三板”挂牌后就属于非上市公众公司，公司治理和账务行为都要合法合规，信息都需要向公众定期披露，好的坏的都要去披露。

在挂牌前，很多公司董事会可以不开，股东大会也可以不开，所有的经营决策都由大老板自己定，定下来的事情就交给下面去完成。而挂牌后，变成非上市公众公司，就有规范的问题。重大的事项要召开股东大会，经营上的重要决策都需要召开董事会，光嘴上说也不行，还要落实到纸面形成决议，最后还要做信息披露。账务制度更加严格，资金的使用更加规范，账务报告需要审计，还要定期披露年度报告、半年度报告。

很多挂牌公司高级管理人员对“新三板”的规定不熟悉，这导致信息披露违规成了股转系统“出手”的重点对象。主要表现在信息披露不及时、信息披露不完整、信息披露不准确，甚至还存在重要事项不披露，而且涉及的通常都是投资者重点关注事项，例如关联交易[⑤]。

挂牌公司的内部治理和财务方面也要合规，这需要花很大的一笔钱，必然要挤占利润。每年都持续发生的主办券商持续督导费、律师费、审计费、挂牌费等固定费用。挂牌公司要做到“三会一层”的现代企业管理体系，要求人员、资产、财务、机构、业务“五独立”，这就有必要聘用专

---

① 中海阳能源集团股份有限公司，证券代码 430065。

② 现代农装科技股份有限公司，证券代码 430010。

③ 北京中科联众科技股份有限公司，证券代码 430083。

④ 北京联飞翔科技有限公司的，证券代码 430037。

⑤ 挂牌公司的关联交易，是指挂牌公司与关联方之间发生的转移资源或者发生交易的事项。

职的董事会秘书、财务总监。同时，还要求挂牌公司按规范照章纳税，因为涉税信息必须披露，一旦被税务部门出具《税务行政处罚书》，公众形象会很难看。

长期养成的理财习惯和管理模式，也很难在一朝一夕就能完全改过来。由于缺乏前期培育与梳理，对公司治理要求做什么、会计标准要求执行什么等问题都没有完全搞明白，挂牌后继续搞内外两套账、关联交易、同业竞争……这些“炸弹”一旦引爆，后果不堪设想！

（四）谋定而后动，知止而有得

对于一家公司而言，决定是否申请在“新三板”上挂牌是非常重要的战略规划，不能不慎重。

一旦主意已定，就要为实现目标做出积极部署，聘任一位合格的董事会秘书（简称董秘）。目前，创新层必须聘任董秘，基础层没有强制要求，但是从规范管理、提高效率、少走弯路的角度，建议拟挂牌公司从决策之日起就要尽快确定董秘人选。一位合格的董秘对于挂牌公司来说至关重要。整个挂牌的过程需要处理的事务既多又杂，没有专业人士来对接和处理，会浪费很多不必要的资金。

从目前的政策看，上市公司董秘资格和“新三板”董秘资格二者不能通用。一般情况下，准“新三板”企业也很难招聘到具有多年从业经验的上市公司董秘。如果短期内从外界招聘专业人才有难度，建议从公司内部管理层中选择合适的董秘人选。根据“新三板”的相关规定，拟参加董秘资格考试的相关人员就由挂牌公司（申请挂牌公司）董事会进行推荐，并且必须与挂牌公司（申请挂牌公司）有劳务关系。

拟挂牌公司宜成立申请“新三板”挂牌工作领导小组。建议领导小组由董事长任组长，总经理任副组长。小组成员包括公司的股东、财务负责人、高管和董秘。领导小组应该定期召开会议，反思申请过程中存在的问题，总结阶段性的成果，部署下一阶段的工作。

公司宜定期开展“新三板”专题的集体学习活动。从社会上聘请相关专业的专家对高级管理人员（包括董事长、总经理、财务负责人、董事会秘书）进行培训，以熟悉我国证券市场运行的法律，包括《公司法》和《证券法》的相关规定；集体学习“新三板”的市场规则，了解中国证监会、全国股转公司已经发布实施的有关规定。集体学习活动宜长期化、定期化，在挂牌后也应坚持，这有利于顺利完成公司改制，顺利实现“新三板”挂牌，提高挂牌公司规范运营。

三、主办券商及其选择要点

“新三板”实行主办券商制度，拟挂牌公司应当与主办券商签订推荐挂牌并持续督导协议，按照全国股转让公司的有关规定编制申请文件，并向全国股转公司申报。

主办券商是指在“新三板”从事主办券商业务的证券公司。根据《全国中小企业股份转让系统有限责任公司管理暂行办法》及《全国中小企业股份转让系统主办券商推荐业务规定》，主办券商业务包括推荐股份公司股票在“新三板”挂牌，对挂牌公司进行持续督导，代理投资者买卖挂牌公司股票，为股票转让提供做市服务，以及其他全国股转公司规定的业务。

主办券商制度的特点是，申请挂牌公司的股票必须由主办券商进行推荐，才能在“新三板”上挂牌，拟挂牌公司必须有主办券商推荐并持续督导。按照市场化的机制和责权利一致的原则，主办券商还可以为挂牌公司提供定向发行普通股和优先股、做市交易、并购重组等一系列服务。

全国股份转让公司对主办券商业务实行分类管理，证券公司可以根据自身情况与意愿，提出从事部分或全部业务的备案申请。目前，“新三板”

系统设有三类主办券商业务：一是推荐业务，包括推荐股份公司股票进入“新三板”系统挂牌、为挂牌公司提供持续督导服务、为挂牌公司定向发行及并购重组提供服务等；二是经纪业务，包括接受投资者委托代理买卖挂牌公司股票，代理开立证券账户等；三是做市业务，即在“新三板”系统持续发布买卖双向报价，并在报价价位和数量范围内履行与投资者的成交义务。

如果说申请在“新三板”上挂牌的公司是资本市场中蹒跚学步的婴儿，那么，合格的主办券商就是教会婴儿如何走得更好、更坚实的教练。在“新三板”上挂牌前，公司多多少少都存在一些管理不完善、财务不规范、资产不清晰的问题，这些问题就如同走向“新三板”路上的石头和水坑，有经验、负责任的主办券商会帮助发现这些问题，并且提供行之有效的整改方案。

一般情况下，在“新三板”挂牌后，主办券商对推荐股票的公司继续履行持续督导的责任。推荐股票在“新三板”上挂牌只是公司和主办券商合作的起点，挂牌后的资本运营才是合作重点，最能体现出主办券商的专业服务能力、资源整合的实力等。

申请挂牌“新三板”的过程中，主办券商的主要工作如下：

（1）按照国家相关法律、法规的规定，协助有限责任公司进行股份制改制、成立股份有限公司。

（2）对改制后设立的股份有限公司进行挂牌前的辅导工作。

（3）按“新三板”申请挂牌的相关规定，对股份有限公司进行尽职调查，对发现的问题提出解决方案并协助落实相关措施。

（4）协调、安排中介机构进场进行相关工作，并使其按时制作挂牌申报材料。

（5）协助公司与相关主管部门沟通，推进公司资本运营，顺利开展申请挂牌工作。

（6）负责制作公司进行“新三板”挂牌申请所需材料，并为与之相关联的工作提供参考意见。

（7）公司申请“新三板”挂牌材料的内核。

（8）向全国股转公司递交挂牌申请的相关材料，并进行及时的反馈。

（9）公司挂牌之后，继续履行持续督导责任，促进所推荐挂牌公司诚实守信、规范信息披露义务、完善公司治理机制。

应该怎么选择主办券商呢？

（一）根据公司的主营业务，参照《挂牌公司管理型行业分类指引》《挂牌公司投资型行业分类指引》，确定自己所属的行业分类，最好能定位到细分的领域。

“全国股转公司”每个月都会对挂牌公司进行管理型和投资型行业分类，这些信息在“新三板”官网上都能很方便地查到。根据本公司的行业分类，在“新三板”挂牌公司中找到自己的同类，通过其披露的公开信息，就可以查找到：其主办券商是哪一家？曾经进行了哪些资本运营？资本运营的效果好不好？等等。一方面，知己知彼，才能百战百胜；另一方面，把同类中资本运营做得好的公司选出来，再看看他们的主办券商是哪一家，在选择主办券商时提供参考。

（二）有的拟挂牌公司，对于“新三板”寄予很高的期望，很看重形成连续的神奇的K线图。因此，他们挑选主办券商的标准就是必须答应挂牌后成为我的做市商。

这样，主办券商除了能够承担推荐业务以外，还要取得做市商资格。在选择主办券商时，就未来做市业务合作事宜积极地探讨，考察主办券商的实力和意愿，未雨绸缪。

“新三板”的推荐挂牌的条件和做市转让的标准并不一致。拟挂牌公司提出做市业务要求，必须建立在本公司素质较高的基础之上。很多拟挂牌公司只符合推荐挂牌的条件，还远远达不到做市转让的要求。这时提出过分要求，会使主办券商望而却步，让企业在寻找主办券商阶段花太多时间，延迟挂牌时间。

（三）结合地域的因素，看主办券商规模，知名度，是否全牌照，对“新三板”业务重不重视，成功案例是不是比较多。

有时候，盲目地追求主办券商的规模和名气并非明智。主办券商规模大、名气大，手里项目积压也很多，往往会挑项目。如果不是热门行业、公司规模又有限，可以考虑结合地域的因素，寻找中小规模的券商。如果主办券商服务团队驻地离公司所在地比较近，沟通起来就比较方便，处理问题的效率就比较高，挂牌成功率也相对较高。

“新三板”建立了主办券商执业负面行为评价制度，官网上每个月都会发布主办券商执业质量评价结果，拟挂牌公司可以上网查询并予以参考。例如：2017 年 9 月，评价点值排名前五的主办券商为方正证券、首创证券（并列第一）、招商证券、万联证券（并列第三）、渤海证券、华龙证券（并列第五）、财达证券（并列第五）。从统计结果看，推荐挂牌类负面行为记录数与其业务量比值最高的为第一创业证券、东莞证券、广发证券、西部证券；挂牌后督导类负面行为记录数与其业务量比值最高的为申港证券；交易管理类负面行为记录数与其业务量比值最高的为华西证券；综合管理类负面行为记录数与其业务量比值最高的为大同证券。

主办券商的服务价格有差距但不是太大，但好团队就应该值更高的价格。实际上，在服务价格上跟主办券商推来搡去，反而说明公司负责人没有大展宏图的抱负。既然要合作，不妨在服务价格方面大气些，这样，主办券商方面也会投桃报李，配备最好的团队，各方面的工作更细致一些，把关时再严格一些。

拟挂牌公司选择好主办券商，就要尽快与主办券商签订《推荐挂牌及持续督导协议》。

大部分企业都属于有限责任公司，企业选择好主办券商，就意味着股份制改造工作开始启动，其他中介机构（会计师事务所、律师事务所、资产评估机构等）最好也能够同步确定，与主办券商协同完成初步调查，以便就企业改制和挂牌中的问题集中探讨，共同提出解决方案。

主办券商在申请挂牌的过程中始终处于主导地位，主办券商如果能够尽快了解公司各方面情况，尽快启动尽职调查和内核程序，是公司否能成功挂牌的关键所在。

四、其他服务机构及其选择要点

公司申请“新三板”挂牌，须聘请具有证券期货相关业务资格的会计师事务所承担有关审计和验资等工作。

会计事务所是指依法独立承担注册会计师业务的中介服务机构，是由有一定会计专业水平、经考核取得证书的注册会计师组成的组织，受当事人委托，承办有关审计、会计、咨询、税务等方面业务。在中国，会计师事务所、注册会计师从事证券相关业务，必须取得证券相关业务许可证（简称证券许可证）。

对于上市公司和非上市公众公司而言，资本的所有权与企业的经营权分离，投资人与职业经理人之间形成受托的经济责任关系，资产的占有、使用和支配权转移到经营者手中。会计师事务所能够客观公正地评价、确认和反映经营者业绩，真实地反映企业的实际情况。

申请挂牌“新三板”的过程中，会计师事务所主要工作如下：

（1）负责公司改制的审计，并出具审计报告；

（2）负责公司资本验证，并出具有关验资报告；

（3）负责公司财务报表的审计，并出具两年及一期的报表审计报告；

（4）对申请挂牌公司原始财务报表与申报财务报表的差异情况出具专项意见；

（5）提供与“新三板”挂牌有关的其他财务会计咨询服务等。

全国股转公司要求申请挂牌公司按照《企业会计准则》的规定编制并披露报告期内的财务报表，公司不存在《中国注册会计师审计准则第1324号——持续经营》中列举的影响其持续经营能力的相关事项，并由会计师事务所出具标准无保留意见①的审计报告。

财务报表被出具带强调事项段的无保留审计意见②的，应全文披露审计报告正文以及董事会、监事会和注册会计师对强调事项的详细说明，并披露董事会和监事会对审计报告涉及事项的处理情况，说明该事项对公司的影响是否重大、影响是否已经消除、违反公允性的事项是否已予纠正。

截止到2017年10月，全国股转公司官网上公布的会计师事务所共39家③。2017年上半年，会计师事务所参与“新三板”挂牌业务排名前五名分别是：中兴财光华会计师事务所完成126家；瑞华会计师事务所完成102家；立信会计师事务所完成98家；北京兴华会计师事务所完成88家；大信会计师事务所完成85家④。

---

① 标准的无保留意见：说明审计师认为被审计者编制的财务报表已按照适用的会计准则的规定编制并在所有重大方面公允反映了被审计者的财务状况、经营成果和现金流量。

② 带强调事项段的无保留意见：说明审计师认为被审计者编制的财务报表符合相关会计准则的要求并在所有重大方面公允反映了被审计者的财务状况、经营成果和现金流量，但是存在需要说明的事项，如对持续经营能力产生重大疑虑及重大不确定事项等。

③ 会计师事务所，市场机构，全国中小企业股份转让系统官方网站，截止到2017年10月1日。http：//www. neeq. com. cn/agency/accounting. html

④《2017上半年新三板业务排名揭晓》，来源：梧桐树下V，中国证券报官方网站，2017年7月5日。http：//www. cs. com. cn/ssgs/ssb/201707/t20170705_ 5357613. html

公司在决策、人事、财务、商业等方面都存在法律上的风险，申请挂牌“新三板”，必须依法聘请律师事务所担任法律顾问。

律师事务所是律师的执业机构，在规定的专业活动范围内，接受自然人、法人或者其他组织的委托，提供法律服务。

国家的法律、政策，以及相关职能部门的法规是一个不断变化的系统。现实的经济生活中，几乎每一个公司都是按照惯性思维来从事日常经营，每个公司都会遇到昔日合法或不违法的事情，结果今日或明日可能就变成非法的。法律是无情的，并不会因为你不了解或不熟悉，就对你网开一面。针对潜在的法律隐患，聘请律师事务所通过合法的方式予以调整，可以避免发生涉及国家、社会以及投资者等各方面的利益损失。

律师事务所根据《全国中小企业股份转让系统股票发行业务指引第4号——法律意见书的内容与格式（试行）》的相关要求，在尽职调查基础上出具股票发行法律意见书。

申请挂牌“新三板”的过程中，律师事务所其主要工作如下：

（1）对拟挂牌公司改制重组方案的合法性进行论证；

（2）指导拟挂牌股份有限公司的设立或变更；

（3）对公司挂牌过程中涉及的法律事项进行审查并协助企业规范、调整和完善；

（4）对公司主体的历史沿革、股权结构、资产、组织机构运作、独立性、税务等法律事项的合法性进行判断；

（5）对公司申请挂牌过程中的各种法律文件的合法性进行判断；

（6）协助和指导公司起草章程等一系列法律文件；

（7）出具法律意见书等挂牌所需要的文件；

（8）对有关申请挂牌文件明确发表结论性意见等。

宜优先选择有“新三板”推荐挂牌业务经历并且经验丰富的律师事务所。2017年上半年，有394家律师事务所参与完成1325家公司的“新三板”挂牌。排名前五名分别是：北京大成律师事务所完成114家；北京德恒律师事务所完成73家；北京市盈科律师事务所完成68家；上海市锦天城律师事务所完成59家；北京市中银律师事务所完成48家①。

申请挂牌公司需要进行股份制改造，这就需要聘请资产评估机构对资产价值进行评定和估算，作为计算资产总额和股本总额的依据。

资产评估机构是指在市场经济条件下，由专业人员，依据国家相关法律，遵照法定程序，选择适当的价值类型，运用科学方法，对资产价格进行评定和估算的专门机构。

为加强对从事证券、期货相关业务资产评估机构的管理，维护证券市场秩序，保护投资者和社会公众的合法权益，财政部、中国证监会于2008年4月发布《关于从事证券期货相关业务的资产评估机构有关问题的通知》，资产评估机构从事证券业务，应当取得证券、期货相关业务评估资格。

根据《全国中小企业股份转让系统业务规则》②，“新三板”的挂牌主体要求为股份有限公司，我国的中小微企业大多是以有限责任公司形式存续，股份制改造是有限责任公司“新三板”挂牌的必经之路。

根据《公司法》及“新三板”相关规定，申请挂牌公司申请挂牌时注册资本须缴足，主办券商、律师、会计师应依法核验股东出资，聘请评估

① 《2017上半年新三板业务排名揭晓》，来源：梧桐树下V，中国证券报官方网站，2017年7月5日。http://www.cs.com.cn/ssgs/ssb/201707/t20170705_5357613.html

② 2013年2月8日发布，2013年12月30日修改。

机构以加强评估工作的规范性，确保申请挂牌公司的股东出资真实、足额。主办券商、律师、会计师应加强股东出资的核验工作，核查股东是否按公司章程规定出资，制作核查股东出资工作底稿，提供股东出资证明文件，包括并不限于验资报告、打款凭证等。

评估机构依法开展评估业务，有利于提高评估工作的规范性，提升资产估值的合理性。

申请挂牌“新三板”的过程中，资产评估机构的主要职责：

（1）对公司改制基准日的净资产进行评估，并出具评估报告；

（2）在改制过程中如涉及资产收购、股权收购，则需要评估师机构对收购标的进行评估。

公司股份制改造成功以后，在“新三板”申请挂牌，获得核准后，股票在“新三板”公开转让，这些都是公司和各中介机构通力协作的结果。

中介机构之间前期如果有过良好的合作并成功的案例，可以优先考虑主办券商或会计师事务所的推荐的资产评估机构。

CHAPTER 4

第四章　切磋琢磨

“新三板”的挂牌条件及其解析

2017 年 9 月 6 日，全国股转公司为进一步明确挂牌条件的适用标准，适应市场发展需要，按“可把控、可举证、可识别”的原则，依据《全国中小企业股份转让系统业务规则（试行）》之第 2.1 条规定，对《全国中小企业股份转让系统股票挂牌条件适用基本标准指引（试行）》[1] 的六项挂牌条件进一步细化、进一步明确，形成新的基本标准。

此次修订将原来试行文件升级为正式文件。《全国中小企业股份转让系统股票挂牌条件适用基本标准指引》（以下简称《指引》）自 2017 年 11 月 1 日生效实施[2]。

---

① 2013 年 6 月 17 日，《全国中小企业股份转让系统股票挂牌条件适用基本标准指引（试行）》由全国股转公司发布。

② 自 2017 年 11 月 1 日起申请挂牌的公司需满足新修订的《全国中小企业股份转让系统股票挂牌条件适用基本标准指引》的要求。同时，《全国中小企业股份转让系挂牌业务问答——关于挂牌条件适用若干问题的解答（一）》《全国中小企业股份转让系统挂牌业务问答——关于挂牌条件适用若干问题的解答（二）》均废止。

一、依法设立且存续满二年

（一）依法设立，是指公司依据《公司法》等法律、法规及规章的规定向公司登记机关申请登记，并已取得《企业法人营业执照》。

1. 公司设立的主体、程序合法、合规。

（1）国有企业需提供相应的国有资产监督管理机构或国务院、地方政府授权的其他部门、机构关于国有股权设置的批复文件。

国有企业应严格按照国有资产管理法律法规的规定提供国有股权设置批复文件，但因客观原因确实无法提供批复文件且符合以下条件的，在公司和中介机构保证国有资产不流失的前提下，可按以下方式解决：以国有产权登记表（证）替代国资监管机构的国有股权设置批复文件；公司股东中含有财政参与出资的政府引导型股权投资基金的，可以基金的有效投资决策文件替代国资监管机构或财政部门的国有股权设置批复文件；国有股权由国资监管机构以外的机构监管的公司以及国有资产授权经营单位的下属子公司，可提供相关监管机构或国有资产授权经营单位出具的批复文件或经其盖章的产权登记表（证）替代国资监管机构的国有股权设置批复文件；公司股东中存在为其提供做市服务的国有做市商的，暂不要求提供该类股东的国有股权设置批复文件。

（2）外商投资企业须提供商务主管部门出具的设立批复或备案文件。

（3）《公司法》修改（2006 年 1 月 1 日）前设立的股份公司，须取得国务院授权部门或者省级人民政府的批准文件。

2. 公司股东的出资合法、合规，出资方式及比例应符合《公司法》相关规定。

（1）以实物、知识产权、土地使用权等非货币财产出资的，应当评估作价，核实财产，明确权属，财产权转移手续办理完毕。

（2）以国有资产出资的，应遵守有关国有资产评估的规定。

（3）公司注册资本缴足，不存在出资不实情形。

（二）存续两年是指存续两个完整的会计年度。

（三）有限责任公司按原账面净资产值折股整体变更为股份有限公司的，存续时间可以从有限责任公司成立之日起计算。

整体变更不应改变历史成本计价原则，不应根据资产评估结果进行账务调整，应以改制基准日经审计的净资产额为依据折合为股份有限公司股本。公司申报财务报表最近一期截止日不得早于股份有限公司成立日。

新修订的《指引》中，“国有企业”是指控股或参股拟挂牌公司的国有企业，按《国务院国有资产监督管理委员会关于施行〈上市公司国有股东标识管理暂行规定〉有关问题的函》（国资厅产权［2008］80 号）规定，符合以下条件企业或单位属于“国有企业”：

（1）政府机构、部门、事业单位、国有独资企业或出资人全部为国有独资企业的有限责任公司或股份有限公司；

（2）上述单位或企业独家持股比例达到或超过 50% 的公司制企业；上述单位或企业合计持股比例达到或超过 50%，且其中之一为第一大股东的公司制企业；

（3）上述“（二）”中所述企业连续保持绝对控股关系的各级子企业；

（4）以上所有单位或企业的所属单位或全资子企业。

一般而言，“国有企业”控股或参股申请挂牌公司，属于拟挂牌公司的股东，与全国股转公司之间没有任何责任和义务关系。

《中共中央国务院关于深化投融资体制改革的意见》（中发〔2016〕18号）明确要求确立企业投资主体地位，坚持企业投资核准范围最小化。原则上由国有企业依法依规自主决策投资行为，不需要履行出资人责任的机构审核批准。在本条中规定“国有企业需提供相应的国有资产监督管理机构或国务院、地方政府授权的其他部门、机构关于国有股权设置的批复文件”并不适当。

“关于公司国有股权设置的批复文件”提法最早出现在中国证监会发行监管部2002年4月20日发布的《股票发行审核标准备忘录第07号——关于国有股权界定及处置问题的审核要求》中，该文件中规定财政部和省级财政（国资）部门出具的关于公司国有股权（包括国家股及国有法人股）设置的批复文件是公开发行股票申请文件的必备文件。并且，其中特别指出，这样做的目的是为了做好拟发行公司国有股权的审核工作，便于股份的登记与托管。该文件目前已经废止。

中国证监会、国资委[①]于2007年6月联合发布了《上市公司国有股东标识管理暂行规定》。其中规定，国有控股或参股的股份有限公司申请发行股票时，应向证券监督管理机构提供国有资产监督管理机构关于股份公司国有股权管理的批复文件，该文件是股份有限公司申请股票发行的必备文件。国有资产监督管理机构应当在国有控股或参股的股份公司相关批复文件中对国有股东做出明确界定，并在国有股东名称后标注具体的国有股

① 国资委是国务院国有资产监督管理委员会的简称。

东标识，国有股东的标识为“SS”。中国证券登记结算有限责任公司根据省级或省级以上国有资产监督管理机构的批复以及国有股东或股票发行人的申请，对国有股东证券账户进行标识登记。

《指引》中，本条第（一）款“国有企业需提供相应的国有资产监督管理机构或国务院、地方政府授权的其他部门、机构关于国有股权设置的批复文件”疑似引用了已经废止的《股票发行审核标准备忘录第07号——关于国有股权界定及处置问题的审核要求》中的相关规定，国有控股或参股的股份有限公司的股票挂牌“新三板”时，应提供国有股权设置的批复文件。

具体的实务中，大部分都是由国有资产监督管理委员会出具关于拟挂牌公司国有股权管理的批复文件。例如：根据华光光电[①] 2016年6月披露的《公开转让说明书》中显示，华光光电的注册资本为5000万元人民币，总股本数量为5000万股，其中，潍坊市投资公司持有3807751股，持股比例为7.62%；山东省经济开发投资公司持有2977954股股份，持股比例为5.96%；山东山大产业集团有限公司持有2343231股股份，持股比例为4.69%；山东省高新技术创业投资有限公司持有992651股股份，持股比例为1.99%。2016年2月25日，潍坊市国有资产监督管理委员会出具潍国资发［2016］18号文《关于山东华光光电子股份有限公司国有股权管理有关问题的批复》。

国有资产监督管理委员会出具关于拟挂牌公司国有股权管理的批复文件，有利于国有资产监督管理机构对国有控股或参股“新三板”挂牌公司的行为进行确认，以保证国有资产产权登记工作准确无误。根据《国家出资企业产权登记管理暂行办法》（自2012年6月1日起施行）中的规定，

① 山东华光光电子股份有限公司，证券代码838157。

企业产权登记是指国有资产监督管理机构对本级人民政府授权管理的国家出资企业的产权及其分布状况进行登记管理的行为。各级国有资产监督管理机构分别负责本级人民政府授权管理的国家出资企业的产权登记管理。

《指引》中规定"有限责任公司按原账面净资产值折股整体变更为股份有限公司的，存续时间可以从有限责任公司成立之日起计算"。这与中国证监会发布的《首次公开发行股票并上市管理办法》（2015 年 12 月 30 日修订）中第九条之规定完全一致。

公司改制时，一般选择月末最后一天，以这一天的净资产额为依据折合为股份公司的股本，这一天就是改制基准日。而股份有限公司成立日是指股份有限公司取得公司登记机关颁发的营业执照，营业执照签发日期为股份有限公司成立日。

《指引》中要求"公司申报财务报表最近一期截止日不得早于股份有限公司成立日"，实际上就是要求申报材料中最近一期财务报表审计报告主体为股份有限公司。调整后，不会再出现申报材料中主体的法律形式不一致问题，例如审计报告主体为有限责任公司，申报主体为股份有限公司。这样，财务信息披露也可以保持统一口径。

二、业务明确且具有持续经营能力

（一）业务明确，是指公司能够明确、具体地阐述其经营的业务、产品或服务、用途及其商业模式等信息。

（二）公司可同时经营一种或多种业务，每种业务应具有相应的关键资源要素，该要素组成应具有投入、处理和产出能力，能够与商业合同、收入或成本费用等相匹配。

（三）公司业务在报告期内应有持续的营运记录。营运记录包括现金流量、营业收入、交易客户、研发费用支出等。公司营运记录应满足下列条件：

1. 公司应在每一个会计期间内形成与同期业务相关的持续营运记录，不能仅存在偶发性交易或事项。

2. 最近两个完整会计年度的营业收入累计不低于1000万元；因研发周期较长导致营业收入少于1000万元，但最近一期末净资产不少于3000万元的除外。

3. 报告期末股本不少于500万元。

4. 报告期末每股净资产不低于1元/股。

（四）持续经营能力，是指公司在可预见的将来，有能力按照既定目标持续经营下去。

公司存在以下情形之一的，应认定为不符合持续经营能力要求：

1. 存在依据《公司法》第一百八十条规定解散的情形，或法院依法受理重整、和解或者破产申请。

2. 公司存在《中国注册会计师审计准则第1324号——持续经营》应用指南中列举的影响其持续经营能力的相关事项或情况，且相关事项或情况导致公司持续经营能力存在重大不确定性。

3. 存在其他对公司持续经营能力产生重大影响的事项或情况。

《指引》中指出，公司业务在报告期内应有持续的营运记录。营运记录是对公司历史经营情况的反映，是关键资源要素投入、处理和产出能力的实际体现。与业务相匹配的营运记录，可以较好地反映公司商业模式是否具备可持续性。在营业收入、股本、每股净资产等方面提出一定的要求，着眼点在于控制市场风险，引导拟挂牌公司理性地参与资本市场。

按《国务院关于全国中小企业股份转让系统有关问题的决定》（国发〔2013〕49号）（以下简称“49号文”）的规定，新三板的市场定位很明确，主要为创新型、创业型、成长型中小微企业发展服务，境内符合条件的股份公司均可通过主办券商申请在全国股份转让系统挂牌，公开转让股份，进行股权融资、债权融资、资产重组等。申请挂牌公司应当业务明确、产权清晰、依法规范经营、公司治理健全，可以尚未盈利，但须履行信息披露义务，所披露的信息应当真实、准确、完整。

“49号文”中对“新三板”寄予了很大的期望，国务院批准设立全国性的场外交易市场，是为了“大众创业、万众创新”的政策服务，为大多数创新创业的成长期中小微企业提供稳定高效的证券交易场所。《指引》中在细化“业务明确，具有持续经营能力”这一条标准时，对营运记录进行了量化，量化的条件似乎更加注重“新三板”中二级市场的功能。

提高市场的准入门槛的同时，也将许多处于种子期和成长期的创新创业小微企业排斥在门外。为了保持市场的稳定，保护投资者的利益，进一步对拟挂牌公司的营业收入、净资产等财务指标进行界定，无可厚非，但如果通过对市场进行分层管理，效果也许更好。

《公司法》第一百八十一条中规定了公司解散的五种情形，分别是：公司章程规定的营业期限届满或者公司章程规定的其他解散事由出现；股东会或者股东大会决议解散；因公司合并或者分立需要解散；依法被吊销营业执照、责令关闭或者被撤销；公司经营管理发生严重困难，人民法院依法予以解散。

《中国注册会计师审计准则第 1324 号——持续经营》应用指南（2017 年2 月 28 日修订）中列举的可能导致被审计单位经营能力产生重大疑虑的事项或情况，参见上述《准则》第九条，主要包括：关键管理人员离职且无人替代；主导产品不符合国家产业政策；失去主要市场、特许权或主要供应商；人力资源或重要原材料短缺。应用指南中列举的其他可能单独或汇总导致被审计单位经营能力产生重大疑虑的事项或情况的示例，包括财务方面、经营方面和其他方面。应用指南中提出，这些示例并不能涵盖所有事项或情况，也不意味着存在其中一个或多个项目就一定表明存在重大不确定性。

何谓持续经营能力？导致亏损的因素是什么？如果某一家创新型、创业型、成长型的小微企业通过资本市场募集到资金，亏损的因素能够按计划一步步地予以消除，也许这样的公司未来持续盈利就是没问题的。

是否可持续经营问题的关键在于挂牌公司是否能够充分披露信息，回答投资者的关切。

恺撒的，就应归恺撒；上帝的，就应归上帝。

建议全国股转公司更重视信息披露的真实、准确和完整，更重视"新三板"市场规则的透明性、公开性和严肃性，而拟挂牌公司的业务是否形成了一定的规模，是否有持续经营能力，是否有一定的投资风险，宜交给市场自己做出判断。

三、公司治理机制健全，合法规范经营

（一）公司治理机制健全，是指公司按规定建立股东大会、董事会、监事会和高级管理层（以下简称“三会一层”）组成的公司治理架构，制定相应的公司治理制度，并能证明有效运行，保护股东权益。

1. 公司依法建立“三会一层”，并按照《公司法》、《非上市公众公司监督管理办法》及《非上市公众公司监管指引第3号——章程必备条款》等规定制定公司章程、“三会一层”运行规则、投资者关系管理制度、关联交易管理制度等，建立全面完整的公司治理制度。

2. 公司“三会一层”应按照公司治理制度进行规范运作。在报告期内的有限公司阶段应遵守《公司法》的相关规定。

3. 公司董事会应对报告期内公司治理机制执行情况进行讨论、评估。

4. 公司现任董事、监事和高级管理人员应具备《公司法》规定的任职资格，履行《公司法》和公司章程规定的义务，且不应存在以下情形：

（1）最近24个月内受到中国证监会行政处罚，或者被中国证监会采取证券市场禁入措施且期限尚未届满，或者被全国中小企业股份转让系统有限责任公司认定不适合担任挂牌公司董事、监事、高级管理人员；

(2) 因涉嫌犯罪被司法机关立案侦查或者涉嫌违法违规被中国证监会立案调查，尚未有明确结论意见。

5. 公司进行关联交易应依据法律法规、公司章程、关联交易管理制度的规定履行审议程序，保证交易公平、公允，维护公司的合法权益。

6. 公司的控股股东、实际控制人及其关联方存在占用公司资金、资产或其他资源情形的，应在申请挂牌前予以归还或规范（完成交付或权属变更登记)。

占用公司资金、资产或其他资源的具体情形包括：从公司拆借资金；由公司代垫费用、代偿债务；由公司承担担保责任而形成债权；无偿使用公司的土地房产、设备动产等资产；无偿使用公司的劳务等人力资源；在没有商品和服务对价情况下其他使用公司的资金、资产或其他资源的行为。

（二）合法合规经营，是指公司及其控股股东、实际控制人、下属子公司（下属子公司是指公司的全资、控股子公司或通过其他方式纳入合并报表的公司或其他法人，下同）须依法开展经营活动，经营行为合法、合规，不存在重大违法违规行为。

1. 公司及下属子公司的重大违法违规行为是指公司及下属子公司最近24个月内因违犯国家法律、行政法规、规章的行为，受到刑事处罚或适用重大违法违规情形的行政处罚。

(1) 行政处罚是指经济管理部门对涉及公司经营活动的违法违规行为给予的行政处罚。

(2) 重大违法违规情形是指，凡被行政处罚的实施机关给予没收违法所得、没收非法财物以上行政处罚的行为，属于重大违法违规情形，但处罚机关依法认定不属于的除外；被行政处罚的实施机关给予罚款的行为，除主办券商和律师能依法合理说明或处罚机关认定该行为不属于重大违法违规行为的外，都视为重大违法违规情形。

（3）公司及下属子公司最近24个月内不存在涉嫌犯罪被司法机关立案侦查，尚未有明确结论意见的情形。

2. 控股股东、实际控制人合法合规，最近24个月内不存在涉及以下情形的重大违法违规行为：

（1）控股股东、实际控制人受刑事处罚；

（2）受到与公司规范经营相关的行政处罚，且情节严重；情节严重的界定参照前述规定；

（3）涉嫌犯罪被司法机关立案侦查，尚未有明确结论意见。

3. 公司及下属子公司业务如需主管部门审批，应取得相应的资质、许可或特许经营权等。

4. 公司及其法定代表人、控股股东、实际控制人、董事、监事、高级管理人员、下属子公司，在申请挂牌时应不存在被列为失信联合惩戒对象的情形。

5. 公司及下属子公司业务须遵守法律、行政法规和规章的规定，符合国家产业政策以及环保、质量、安全等要求。

公司及下属子公司所属行业为重污染行业的，根据相关规定应办理建设项目环评批复、环保验收、排污许可证以及配置污染处理设施的，应在申请挂牌前办理完毕；不属于重污染行业的，但根据相关规定必须办理排污许可证和配置污染处理设施的，应在申请挂牌前办理完毕。

6. 公司财务机构设置及运行应独立且合法合规，会计核算规范。

（1）公司及下属子公司应设有独立财务部门，能够独立开展会计核算、做出财务决策。

（2）公司及下属子公司的财务会计制度及内控制度健全且得到有效执行，会计基础工作规范，符合《会计法》《会计基础工作规范》以及《公司法》《现金管理条例》等其他法律法规要求。

（3）公司应按照《企业会计准则》和相关会计制度的规定编制并披露报告期内的财务报表，在所有重大方面公允地反映公司的财务状况、经营成果和现金流量，财务报表及附注不得存在虚假记载、重大遗漏以及误导性陈述。

公司财务报表应由具有证券期货相关业务资格的会计师事务所出具标准无保留意见的审计报告。财务报表被出具带强调事项段的无保留审计意见的，应全文披露审计报告正文以及董事会、监事会和注册会计师对强调事项的详细说明，并披露董事会和监事会对审计报告涉及事项的处理情况，说明该事项对公司的影响是否重大、影响是否已经消除、违反公允性的事项是否已予纠正。

（4）公司存在以下情形的应认定为财务不规范：

①公司申报财务报表未按照《企业会计准则》的要求进行会计处理，导致重要会计政策适用不当或财务报表列报错误且影响重大，需要修改申报财务报表（包括资产负债表、利润表、现金流量表、所有者权益变动表）；

②因财务核算不规范情形被税务机关采取核定征收企业所得税且未规范；

③其他财务信息披露不规范情形。

在现代企业中，股东就是指股份有限公司或有限责任公司中持有股份（股权）的人，包括自然人股东和机构股东。机构股东是指享有股东权的法人或其他组织。根据《公司法》的规定，有限责任公司的股东以其认缴的出资额为限对公司承担责任，股份有限公司的股东以其认购的股份为限对公司承担责任。公司股东依法享有资产收益、参与重大决策和选择管理者等权利。有限责任公司股东大会由全体股东组成。股东大会是公司的最高权力机关，它由全体股东组成，对公司重大事项进行决策，有权选任和解聘董事，并对公司的经营管理有广泛的决定权。

董事是指由股东大会选举产生的代表全体股东对公司行使管理权力的人员，董事为自然人，可以由法人股东委派。董事每届任期不得超过三年，任期届满，可连选连任。董事在任期届满前，股东会不得无故解除其职务。董事会是由全体董事组成的，对内掌管公司事务、对外代表公司的经营决策机构。董事会设董事长一人，副董事长一人，董事长、副董事长由董事会选举产生。

监事是公司中常设的监察机关的成员，对公司的经营和业务活动进行监督和检查。由监事组成监事会，监事会应当包括股东代表和适当比例的公司职工代表。监事会，也称公司监察委员会，是股份公司法定的必备监督机关，是在股东大会领导下，与董事会并列设置，对董事会和总经理行政管理系统行使监督的内部组织。

“三会一层”是“股东大会、董事会、监事会和高级管理层”的简写。实践证明，“三会一层”是现代企业管理制度的核心。创新型、创业型、成长型中小微企业引入“三会一层”，健全公司治理机制，有利于公司的整体稳定，也有利于树立投资者的信心。

如今，仅短短的两三年，“独角兽”已经在市场上驰骋咆哮。投资者关心挂牌公司的“稳”，同时更加关心挂牌公司的“快”。在市场环境瞬息万变，技术发展一日千里的新时代，“快”是资本市场的投资要点。小米公司通过互联网思维，三年内俨然成为中国智能手机领域的一代霸主；滴滴打车 app 合纵连横，在短短的两年内从根本上改变了中国人的出行方式。

对于创新型、创业型、成长型的中小微企业而言，当条件具备的情况下，组建内部管理团队时必须重视培养行政人事和财务管理方面的人才。行政人事管理的人才是公司治理机制健全的保证。尤其对于创业型公司，前途不明朗、待遇并非最佳，全体员工能够吃苦耐劳、并肩作战。这是创始人的个人魅力所致？还是行政人事管理聚合人心的成果？另一方面，对于初创公司，成长初期一切从简，财务外包，找一个财务公司帮助简单地记账，很容易理解。但是，申请挂牌"新三板"，公司就应该聘请财务总监，设立独立运行财务机构。

企业家必须修炼的一门功课就是财务管理，企业家必须要懂得财务管理的基础知识。投资者决定是否投资一家公司，都会对其财务数字进行深度分析。因此，一个成功的公司离不开对会计核算知识的充分掌握，离不开对现金流的绝对把控，离不开对财务预算的严格执行。

没有蔡崇信，马云还会像今天这样成功吗？

四、股权明晰，股票发行和转让行为合法合规

（一）股权明晰，是指公司的股权结构清晰，权属分明，真实确定，合法合规，股东特别是控股股东、实际控制人及其关联股东或实际支配的股东持有公司的股份不存在权属争议或潜在纠纷。

1. 公司的股东不存在国家法律、法规、规章及规范性文件规定不适宜担任股东的情形。

2. 申请挂牌前存在国有股权转让的情形，应遵守国资管理规定。

3. 申请挂牌前外商投资企业的股权转让应遵守商务部门的规定。

（二）股票发行和转让合法合规，是指公司及下属子公司的股票发行和转让依法履行必要内部决议、外部审批（如有）程序。

1. 公司及下属子公司股票发行和转让行为合法合规，不存在下列情形：

（1）最近36个月内未经法定机关核准，擅自公开或者变相公开发行过证券；

（2）违法行为虽然发生在36个月前，目前仍处于持续状态，但《非上市公众公司监督管理办法》实施前形成的股东超200人的股份有限公司

经中国证监会确认的除外。

2. 公司股票限售安排应符合《公司法》和《全国中小企业股份转让系统业务规则（试行）》的有关规定。

（三）公司曾在区域股权市场及其他交易市场进行融资及股权转让的，股票发行和转让等行为应合法合规；在向全国中小企业股份转让系统申请挂牌前应在区域股权市场及其他交易市场停牌或摘牌，并在全国中小企业股份转让系统挂牌前完成在区域股权市场及其他交易市场的摘牌手续。

股权明晰是企业进入资本市场最基本的要求。

股份有限公司股权不明晰，除了《指引》中提到的公司股东存在国家法律、法规、规章及规范性文件规定不适宜担任股东的情形以及国有股权转让和外商投资企业股权转让未遵守相关部门的规定以外，普遍存在的就是股份代持现象。

股份代持又称股权代持、隐名投资，是指实际出资人与他人约定，以他人名义代实际出资人履行股东权利义务的一种股权或股份处置方式。

创业的初期，很多公司存在股份代持现象，主要是为了避免初期因核心团队成员离职而造成的频繁股权变更，创始人认为不妨等到核心团队真正稳定了以后再兑现股权。这种情况应该在挂牌"新三板"前股份制改造阶段就给集中解决掉。

公司要谋求资本突破，最重要的一点就是诚信环境的建设，创始人作为大股东，更应该尊重与团队核心成员之间的约定，主动兑现当初的约定，在核心团队内部明确地细化股权。这是对投入资金、资源或者无形资产的每一个员工最大的保护。想让自己手中的股票能够成功地在二级市场上转让，必须形成让投资者看得见的价值。大家就要拧成一股绳，全身心地投入到事业中，这才是"新三板"的管理者、股东和员工各方都愿意看到的景象。

公司如果还没有能力取信于资本市场，挂牌股票没有流动性，没有什么大不了的，不妨先让股东们拿到股票分红，看到预期的回报。

通常，如果拟挂牌公司存在股份代持现象，在全国股转公司的反馈意见中，基本都会要求继续对股份代持进行阐述。例如："公司历史上存在股份代持。(1) 请公司补充说明公司设立及股权沿革过程中代持的形成及解除过程。(2) 请主办券商及律师结合相关股东代持股权的原因、是否签署代持协议及代持协议的主要内容、代持股权的出资来源对股份代持形成及解除的真实性和合法合规性、是否存在规避相关法律法规强制性规定的情况、是否存在被代持人不适合担任公司股东的其他情况、是否存在股权争议、公司股权是否清晰进行补充核查并发表明确意见。"

拟挂牌公司通过充分的信息披露，只要将相关问题说清楚、讲明白就可以了。历史上存在股份代持的情形，并不是申请挂牌的实质性障碍。

解除股份代持基本方式就是采取协议价格转让或者零对价股权转让。股权转让行为应该符合《股权转让所得个人所得税管理办法（试行)》（国家税务总局公告 2014 年第 67 号发布）的规定，并不得违反现行有效的法律法规强制性规定。

五、主办券商推荐并持续督导

（一）公司须经主办券商推荐，双方签署了《推荐挂牌并持续督导协议》。

（二）主办券商应完成尽职调查和内核程序，对公司是否符合挂牌条件发表独立意见，并出具推荐报告。

拟挂牌公司与主办券商签署《推荐挂牌并持续督导协议》，一般包括如下步骤：

（1）主办券商和公司前期接触；

（2）主办券商与公司签订保密协议；

（3）主办券商完成初步调查；

（4）双方就初步调查发现的重大事项达成一致意见，明确双方合作意向；

（5）主办券商完成内部立项程序；

（6）双方签署《推荐挂牌并持续督导协议》。

持续督导是指主办券商遵循勤勉尽责、诚实守信的原则，对与之签订《持续督导协议》的公司之日常经营、持续运营，特别是公司治理、信息披露等方面进行专业的规范、引导和督促，使之符合国家法规和监管部门的要求，同时便捷、快速且自律地熟悉、遵循并适应“新三板”市场的运行规范。其意义主要有几个方面：

（1）发挥市场的培育功能，帮助公司尽快熟悉资本市场，为其持续发展奠定基础。

（2）主办券商通过持续督导可以优先为公司提供融资、做市、并购重组等资本市场服务。

（3）建立主办券商权责利相统一的市场化激励约束机制，促使主办券商推荐有发展潜力的公司来挂牌，与中小微企业共成长。

尽职调查是指在公司的配合下，由中介机构对历史数据和文档、管理人员的背景、市场风险、管理风险、技术风险和资金风险做全面深入的调查。

“新三板”的尽职调查是基于主办券商推荐股票挂牌的角度开展的，主要对公司的财务状况、持续经营能力、治理机制健全和经营合法合规等事项进行调查，以形成有利于投资者做出投资决策的信息披露文件。让投资者有充分理由确信公开转让说明书中所披露的信息真实、准确和完整，以及推荐挂牌的公司符合国家法律、法规和“新三板”相关规定。

内核是内部审核的缩写。内核程序是指主办券商建立内核机构，对推荐挂牌备案文件进行审核，同时对主办券商尽职调查、信息披露、对是否同意推荐申请公司的股票挂牌发表明确意见。

根据《全国中小企业股份转让系统主办券商内核工作指引（试行）》（自2016年10月1日施行）的要求，由主办券商设立内核机构。主办券商从事推荐业务，向全国股转公司报送推荐挂牌项目申请文件前，应当启动内核程序。

按全国股转公司的相关规定，主办券商的内核机构应该独立于推荐业务部门，专职负责内核工作的组织和管理。主办券商对“新三板”业务实行一级部门统一管理的，可在一级部门下设立不同的二级部门，分别负责推荐业务和内核工作。

内核机构以召开内核会议形式对内核事项进行审核。主办券商根据内核会议意见，决定是否向全国股转公司推荐公司的股票挂牌。

决定推荐的，应出具推荐报告。

六、全国股份转让系统公司要求的其他条件

无论是2013年颁布《指引（试行）》，还是当前最新修订的《指引》，都是依据《全国中小企业股份转让系统业务规则（试行）》（以下简称“《业务规则》”）第2.1条之规定进一步细化的结果。

实际上，《业务规则》第2.1条之规定中的“（六）全国股份转让系统公司要求的其他条件”的意思表达很明确，就是指在《业务规则（试行）》没有被废止前，全国股转公司有权根据实际情况，对申请股票在“新三板”上挂牌的公司设置（一）至（五）之外的“其他条件”。

例如，《指引》中第一条第（三）款中“公司申报财务报表最近一期截止日不得早于股份有限公司成立日”明显属于“其他条件”。因为这一项条件与《业务规则》第2.1条中（一）至（五）的规定没有任何包容关系，就是说不符合此项条件的，并不违反第2.1条件中（一）至（五）的任何规定。此类新增加的条件宜列入“其他条件”。

再如，新修订的《指引》中第二条第（三）款第2~4项：

2. 最近两个完整会计年度的营业收入累计不低于1000万元；因研发周期较长导致营业收入少于1000万元，但最近一期末净资产不少于3000

万元的除外。

3. 报告期末股本不少于500万元。

4. 报告期末每股净资产不低于1元/股。

以上这三项条件并非"业务明确，具有持续经营能力"充分必要条件，也宜列入"其他条件"。

多层次资本市场需要你我他的共同参与，年轻的"新三板"需要参与方的支持和包容。

令人欣喜的是有越来越多的公司选择在"新三板"上挂牌，主动拥抱资本市场，在资本市场中蹒跚学步，体会着资本形成的千辛万苦，也收获着资本突破的精彩华章。

我们很多时候要接受眼前的失望，但必须永远都不要放弃希望。

CHAPTER 5

第五章　势在必得

“新三板”挂牌流程和操作细节

在“新三板”上申请股票挂牌并获得批准是拟挂牌公司与主办券商、中介机构通力协作的结果，其中涉及拟挂牌公司、全国股转公司以及政府有关职能部门等诸多参与。

毫无疑问，整个项目的主协调人是主办券商。这需要主办券商制定详细而周密的计划，明确各方职责分工，按业务流程统筹安排，使项目各参与方协同有序，按期达到工作目标。

一、企业改制和设立股份有限公司

凡事预则立，不预则废。

《指引》[①] 中与企业改制有关的规定主要有如下几点：

（一）公司股东的出资合法、合规，出资方式及比例符合相关规定。

（二）有限责任公司按原账面净资产值折股整体变更为股份有限公司的，存续时间可以从有限责任公司成立之日起计算。

（三）整体变更不应改变历史成本计价原则，不应根据资产评估结果进行账务调整，应以改制基准日经审计的净资产额为依据折合为股份有限公司股本。

（四）报告期末股本不少于500万元，每股净资产不低于1元/股。

（五）公司现任董事、监事和高级管理人员具备《指引》中规定的任职资格。

（六）控股股东、实际控制合法、合规，符合《指引》中的相关规定。

（七）公司及其法定代表人、控股股东、实际控制人、董事、监事、

① 《全国中小企业股份转让系统股票挂牌条件适用基本标准指引》（自2017年11月1日生效）

高级管理人员、下属子公司，不存在被列为失信联合惩戒对象的情形。

（八）股东特别是控制股东、实际控制人及其关联股东或实际支配的股东持有公司的股份不存在权属争议或潜在纠纷。

以上规定意味着有限责任公司申请在“新三板”挂牌，必须进行企业改制。按《公司法》第九条之规定，有限责任公司变更为股份有限公司的，公司变更前的债权、债务由变更后的公司承继。一般来说，既不改变历史成本计价原则，也不根据资产评估结果进行账务调整，将有限责任公司按原账面净资产值折股整体变更为股份有限公司，改制前后视同于一个持续经营的主体。

建议拟挂牌公司在改制前就选择好主办券商和中介机构，签订保密协议以及相关的服务合同。原则上，公司股份制改造阶段并不需要接受主办券商的督导。但是，这样做有利于保持挂牌申请工作的连续性，提高挂牌申请工作的效率。

由公司拟定改制目标、发展方向和业务规划，积极协助主办券商、中介机构进场完成初步尽职调查。

尽职调查的主要内容包括公司改制前的历史沿革和产权构成，业务和资产结构，经营和财务情况，业务和市场规划等，目的是尽快了解当前公司的基本情况，找出存在的问题，为制订可行的改制方案奠定基础。公司、主办券商及中介机构通过联席会议的方式，尽快就初步调查发现的重大事项达成一致意见。

在此基础上，公司召开董事会，制订有限责任公司整体变更为股份有限公司的改制方案，并形成决议。召开股东大会对改制方案进行审议并形成决议。

设立股份有限公司有两种基本形式，即发起设立或者募集设立。有限责任公司整体变更为股份有限公司时，具体采取哪一种设立方式，应根据企业股东的人数选择[①]。大部分的情况，股东人数为 2 人以上 200 人以下，可以选择采取发起设立方式，发起人[②]为有限责任公司全体股东；极少数的，股东人数超过 200 人，只能选择募集设立方式，担任发起人的股东持有全部股份必须超过股份总额的 35% 以上。

股东是一个企业的所有者（也叫出资人、投资人）。企业的净资产是全部资产减去负债后的余额，也就是所有者在企业资产中享有的经济利益。按《公司法》的相关规定，整体变更的实质就是有限责任公司的全体股东作为发起人（认股人）以股权出资，将持有的有限责任公司的股东权益交付给股份有限公司抵作认股款。

有限责任公司召集全体股东签订《发起人协议》。这是《公司法》中规定的必要程序，主要目的是为了规范股份公司的设立行为，明确发起人各自的权利和义务，主要的内容应该包括：

（1）股份有限公司成立时的注册资本、发行股票的总股本，股票的每股面值等。

（2）约定改制基准日，约定以改制基准日有限责任公司经审计的净资产折合为股份有限公司股份的折股比例。

（3）确定各发起人在有限责任公司的股权比例以及折合为股份有限公司股份的准确数量。

（4）各发起人一致同意，授权有限责任公司负责办理股份公司变更的各项手续。

（5）约定股份公司不能设立时，各发起人仍按其出资比例作为有限责任公司的股东，有限责任公司继续存在。

---

① 按《公司法》之规定，有限责任公司由 50 个以下股东出资设立。而现实情况下，因股份代持或者持股平台等因素，有股东人数超出 50 人甚至 200 人的情形出现。

② 《公司法》第七十八条规定：设立股份有限公司，应当有二人以上 200 人以下为发起人，其中须有半数以上的发起人在中国境内有住所。

（6）约定在有限责任公司变更（或无法变更）为股份有限公司过程中产生的各项费用的处理方式。

由发起人共同制订股份有限公司的《公司章程》[①]。《公司章程》是一个公司根据性的规章制度，相当于公司内部的宪法，用以对公司的性质、愿景、使命、组织机构、内部关系、解散清算等诸多方面做出明确规定，其中应当载明下列事项：

（1）公司的名称和住所；

（2）公司经营范围；

（3）公司设立方式；

（4）公司股份总数、每股金额和注册资本；

（5）发起人的姓名或者名称、认购的股份数、出资方式和出资时间；

（6）董事会的组成、职权和议事规则；

（7）公司法定代表人；

（8）监事会的组成、职权和议事规则；

（9）公司利润分配办法；

（10）公司的解散事由与清算办法；

（11）公司的通知和公告办法；

（12）股东大会会议认为需要规定的其他事项。

按约定的改制基准日由会计师事务所出具会务审计报告，资产评估机构出具资产评估报告，经依法设立的验资机构验资并出具证明。

《指引》中要求整体变更不应改变历史成本计价原则，不应根据资产评估结果进行账务调整，应以改制基准日经审计的净资产额为依据折合为股份有限公司股本。这样，即使审计报告的净资产数额明显低于评估报告

① 采用募集方式设立的，还需要经创立大会通过。

的数据，仍然要选择审计报告上的净资产作为验资报告的依据。

当然，如果不需要在股份有限公司设立后的两年内挂牌，则可以按照评估报告上的数据作为验资报告的依据。

召集有限责任公司的股东召开股份有限公司创立大会。创立大会应有代表股份总数过半数的股东出席，方可举行。创立大会行使下职权，并做出相关决议。

（1）审议有限责任公司关于整体改制情况的报告；

（2）通过股份有限公司章程；

（3）选举股份有限公司的董事会成员；

（4）选举股份有限公司监事会成员；

（5）对股份有限公司的设立费用进行审核；

（6）对股东用于抵作股款的财产的作价进行审核；

创立大会结束后三十日内，由董事会向公司登记机关报送相关文件，申请变更登记。工商行政管理部门对符合法律规定的公司予以登记，并发放新的营业执照。股份公司正式宣告成立。

打扫干净屋子再请客。

对"新三板"来说，申请挂牌公司如果存在历史沿革的问题，基本的原则就是实事求是、制定合理合法的整改方案妥善解决，以及履行信息披露的义务。为了避免对申请挂牌工作产生实质性的影响，宜尽量在改制基准日之前就将这些问题解决好。这些问题包括并不限于股东出资不实、净资产低于实收资本、有限公司无形资产出资手续不全、部分股东不适宜继续持有股份等。

如恒福茶业[①]在改制前减少注册资本的案例[②]。2014 年 11 月 12 日，恒福茶业召开股东大会，决议由全体股东为发起人，将有限责任公司整体变更为股份有限公司。广东正中珠江会计师事务所出具的有限责任公司《审计报告》，审计基准日为2014 年9 月30 日。有限责任公司同意以《审计报告》中核定的净资产值按 1:0. 9380 的比例折为股份有限公司的注册资本，净资产扣除股本的余额计入股份有限公司资本公积。

会计师事务所出具《审计报告》的审计基本日也就是改制基准日。在改制基准日之前，恒福茶业进行了减资操作，避免因股东出资不实给后来的申请工作带来实质影响。2014 年 8 月 1 日，有限责任公司召开股东会，全体股东一致同意将公司的注册资本从 5800 万元减少至 4428 万元，减少的 1372 万元为股东徐结根尚未实缴的出资。减资后，该公司的实收资本没有发生变化。2014 年 8 月 3 日，该公司在《羊城晚报》上刊登了减资公告。2014 年 9 月 28 日，该公司办理了本次减资的工商变更登记，并对公司章程作了相应修改。此次变更后，各股东认缴出资均已全部缴足。

根据中国证监会 2013 年 12 月 26 日颁布的《非上市公众公司监管指引第 4 号——股东人数超过 200 人的未上市股份有限公司申请行政许可有关问题的审核指引》，申请时股东人数超过 200 人的股份公司，在向全国股转公司提交公开转让的申请文件时，还需要取得中国证监会的核准。

中国证监会的审核要求主要包括公司依法设立且合法存续、股权清晰、经营规范以及公司治理与信息披露制度健全等四个方面。

---

① 广州恒福茶业股份有限公司，证券代码 832453。

② 《广州恒福茶业股份有限公司公开转让说明书》，全国中小企业股份转让系统系统。http://www.neeq.com.cn/disclosure/2015/2015-04-30/1430391720_465387.pdf

二、主办券商完成尽职调查

拟挂牌公司改制完成后，由有限责任公司就更为股份有限公司，再与主办券商正式签署《推荐挂牌并持续督导协议》。

"新三板"实行主办券商制度，由主办券商负责推荐拟挂牌公司股票在"新三板"挂牌，组织编制挂牌申请文件，并指导和督促拟挂牌公司诚实守信、规范履行信息披露义务、完善公司治理机制。

拟挂牌公司宜及时聘任董事会秘书，授权董事会秘书负责与主办券商之间的工作联络，配合主办券商的推荐挂牌工作，向主办券商提交挂牌所需文件。

董事会秘书负责公司股权管理与信息披露事务。在正式挂牌前，董秘应通知并协助股东办理股份登记、存管；核对并向主办券商提交股东持股明细以及董事、监事、高级管理人员名单及持股数量；与证券登记结算机构签订证券登记服务协议，将企业的全部股票进行初始登记；履行信息披露义务，拟披露的信息内容经主办券商审查后在"新三板"指定的平台上进行披露。

主办券商在改制前进行的初步尽职调查的基础上，按《全国中小企业股份转让系统主办券商尽职调查工作指引（试行）》（2013 年 6 月 17 日发布）完成尽职调查。由主办券商专门成立项目小组，项目小组负责尽职调查工作。原则上，尽职调查报告由主办券商的项目小组独立完成，但允许引用注册会计师、律师等外部专业人士意见。

为了真实、准确、完整地反映其所实施的尽职调查工作，全国股转公司要求主办券商建立工作底稿制度。所谓的工作底稿，是指项目小组在尽职调查过程中获取和制作的、与推荐挂牌业务相关的各种工作记录和重要资料的总称。凡对项目小组履行尽职调查职责有重大影响的文件资料及信息，均应作为工作底稿予以留存。工作底稿是主办券商出具尽职调查报告、推荐报告和编制挂牌申请文件的基础。

主办券商尽职调查主要包括业务调查、公司治理调查、公司财务调查、公司合法合规调查等四个方面。

（一）业务调查

业务调查主要包括分析公司所处细分行业的情况和风险，调查公司的商业模式、经营目标和计划。其中，商业模式是指公司如何使用其拥有的关键资源，通过有效的业务流程，形成一个完整的运行系统，并通过这一运行系统向客户提供产品或服务，满足客户需求并向客户提供了价值，从而获得收入、利润和现金流。

主办券商会主动搜集与公司相关的行业研究和新闻报道，比较市场公开的行业数据，搜集行业主管部门规定的发展规划、行业管理方面的法律法规及规范性文件，以及引用主办券商内部行业分析师的分析研究报告。主要的目的在于分析如下问题：公司所在行业的生命周期和行业规模；行业价值链的构成以及公司所处的位置；行业的竞争程度及行业壁垒；国家对该行业的监管体制和政策扶持或限制，以及产业政策对该行业的影响；

影响该行业发展的有利和不利因素。

项目小组会调查公司产品或服务的用途，了解产品的种类、服务的种类及其满足的客户需求；调查每种产品的功能和用途以及特定消费群体，或服务所满足的客户需求及特定消费群体产品或服务；调查每种产品的技术含量或服务的质量要求及售后服务情况；调查公司对提高现有产品或服务质量、增强竞争力等方面将采取的措施以及公司新产品或新服务的开发计划等。

项目小组会调查高级管理人员与核心技术（业务）人员的简要情况，调查公司管理层及核心技术（业务）人员的薪酬，持股情况和激励政策（包括股权激励），评价高级管理人员与核心技术（业务）人员的经验和能力；调查业务运行所依赖的关键资源，包括取得的业务许可资格或资质情况，特许经营权（如有）的取得、期限、费用标准，提供产品或服务时所使用主要设备和固定资产的情况等；项目小组会要求查阅企业的主要知识产权文件，包括商标、专利、非专利技术等无形资产的数量、取得情况、实际使用情况、使用期限或保护期、最近一期末账面价值、存在纠纷情况等。

项目小组会要求查阅公司业务制度，实地考察公司经营过程涉及的业务环节，要求对主要供应商和客户进行访谈。例如了解供应链及其管理，公司对供应商的依赖程度及存在的经营风险；主要产品的生产流程或服务流程、生产工艺、质量控制、安全生产等；营销体系，包括销售方式、是否有排他性销售协议等壁垒、市场推广计划、客户管理，公司对客户的依赖程度及存在的风险；核心产品或服务的研发流程、周期以及更新换代计划；了解重要资本投资项目（如规模化生产、重要设备投资等）的投资流程，包括投资决策机制、可行性和投资回报分析等。

项目小组会要求查阅公司商业合同，走访客户和供应商，结合对公司产品或服务、关键资源和关键业务流程的调查，了解公司如何获得收益。需要调查的情况主要包括：业务收入构成情况，包括产品或服务的规模、定价方式和依据；收入变化情况和影响其变化的原因；成本结构及其变动情况和变动原因；分析每种产品或服务的毛利率及其变动趋势和变动原因；现金流情况，尤其是与经营活动有关的现金流量，即经营的现金收入是否能抵补有关支出；在所处的细分行业中，分析比较与竞争对手之间在产品或服务分布、成本结构、营销模式和产品或服务毛利率等方面的优劣势，并预估企业在细分行业的发展趋势等。

调查期间，项目小组会要求安排与管理层交谈，要求查阅董事会会议记录、重大业务合同，结合公司所处行业的发展趋势及公司目前所处的发展阶段，了解公司整体发展规划和各个业务板块的中长期发展目标，分析公司经营目标和计划是否与现有商业模式一致，揭示公司业务发展过程中的主要风险（区别一般风险和特殊风险）及风险管理机制。

（二）公司治理调查

公司治理调查主要通过查阅公司章程、了解公司组织结构、查阅股东大会、董事会、监事会的有关文件等方式，调查公司“三会一层”的建立健全及运行情况，并说明上述机构和人员履行职责的情况。

公司的董事会需要对企业的治理机制进行讨论评估，内容包括现有的治理机制在给股东提供合适的保护以及保证股东充分行使知情权、参与权、质询权和表决权等权利方面所发挥的作用、所存在的不足以及解决方法等。

尽职调查期间，项目小组将调查公司的治理机制及其执行情况并出具核查意见。调查内容主要包括：是否依据有关法律法规和公司章程发布通知并按期召开“三会”？查阅会议文件的完整情况，例如会议记录中时间、地点、出席人数等要件是否齐备？会议文件是否归档保存？会议记录是否正常签署？董事会和监事会是否按照有关法律法规和公司章程及时进行换届选举？董事会是否参与了公司战略目标的制订？董事会对管理层业绩是否定期进行评估？涉及关联董事、关联股东或其他利益相关者应当回避的，公司是否建立了表决权回避制度？监事会是否正常发挥作用，是否具备切实的监督手段？"三会"决议的实际执行情况，未能执行的会议决议，相关执行者是否向决议机构汇报并说明原因？

项目小组将调查股东的情况，核实股东股权的合法性和真实性。查阅章程、股东名册以及董事会历次股权变动的决议等相关文件，调查企业的股权结构；查阅具有资格的中介机构出具的验资报告；查阅资产评估报告，对非现金资产出资的，调查所使用的评估方法与评估值的合理性；调查股东之间是否存在关联情况以及股东中是否有专业投资机构的情况；调查管理层及核心技术人员的持股情况等。

项目小组将调查公司董事、监事的简要情况，主要包括：姓名、国籍及境外居留权、性别、年龄、学历、职称；职业经历；曾经担任的重要职务及任期；现任职务及任期；本人及其近亲属持有公司股份的情况；是否存在对外投资与公司存在利益冲突的情况。

项目小组将调查公司与控股股东、实际控制人及其控制的其他企业在业务、资产、人员、财务和机构方面的分开情况，判断其独立性。主要的调查内容包括：查阅公司组织结构文件，结合公司的生产、采购和销售记录考察公司的产、供、销系统；计算公司的关联采购额和关联销售额在公司当期采购总额和销售总额中所占的比例等。

项目小组将调查公司资产的情况，判断其独立性。主要调查内容包括：查阅相关会议记录、资产产权转移合同、资产交接手续和购货合同及发票，确定公司固定资产权属情况；查阅房产证、土地使用权证等权属证明文件，了解无形资产的权属情况；关注金额较大、期限较长的其他应收款、其他应付款、预收及预付账款产生的原因及交易记录、资金流向等；调查公司为防止股东及关联方资金占用或者转移公司资金、资产及其他资源的行为所采取的措施和相应的制度安排。

项目小组将调查公司员工的劳动、人事、工资报酬以及相应的社会保障是否完全独立管理，判断其人员独立性。主要的调查方法包括：查阅股东单位员工名册及劳务合同、公司工资明细表、公司福利费缴纳凭证、与管理层及员工交谈，取得高级管理人员的书面声明等。

项目小组将调查公司会计核算体系，财务管理和风险控制等内部管理制度的建立健全情况，并判断其财务独立性。主要的调查方法包括：与管理层和相关业务人员交谈，查阅公司财务会计制度、银行开户资料、纳税资料等。

项目小组将调查公司的机构是否与控股股东完全分开且独立运作，是否存在混合经营、合署办公的情形，是否完全拥有机构设置自主权等，判断其机构独立性。主要的调查方法包括：实地调查、查阅股东大会和董事会决议关于设立相关机构的记录、查阅各机构内部规章制度等

项目小组将调查公司与控股股东、实际控制人及其控制的其他企业是否存在同业竞争。主要的调查方法包括：询问公司控股股东、实际控制人，查阅营业执照，实地走访生产或销售部门等。对存在同业竞争的，要求公司就其合理性做出解释，并调查公司为避免同业竞争采取的措施以及做出的承诺。

项目小组将调查公司对外担保、重大投资、委托理财、关联方交易等重要事项的政策及制度安排，调查决策权限及程序等规定，并核查最近两年的执行情况，包括对上述事项的决策是否符合股东大会、董事会的职责分工，对该事项的表决是否履行了公司法和公司章程中规定的程序，以及

决策是否得到有效执行。

项目小组将调查公司管理层的诚信情况。公司管理层需要向项目小组提供关于诚信状况的书面声明，书面声明需要本人签字，至少包括以下内容：

（1）最近二年内是否因违反国家法律、行政法规、部门规章、自律规则等受到刑事、民事、行政处罚或纪律处分；

（2）是否存在因涉嫌违法违规行为处于调查之中尚无定论的情形；

（3）最近二年内是否对所任职（包括现任职和曾任职）公司因重大违法违规行为而被处罚负有责任；

（4）是否存在个人负有数额较大债务到期未清偿的情形；

（5）是否有欺诈或其他不诚实行为等情况。

（三）公司财务调查

公司财务调查主要的目的是通过考察控制环境、风险识别与评估、控制活动与措施、信息沟通与反馈、监督与评价等基本要素，评价公司内部控制制度是否充分、合理、有效；通过调查公司是否建立会计核算体系、财务管理和风险控制等制度，确保公司财务报告真实可靠、合法合规。

项目小组通过与公司管理层及员工交谈，查阅董事会、总经理办公会等会议记录，查阅公司规章制度等方式，评价公司是否有积极的控制环境。包括考察董事会是否负责批准并定期审查公司的经营战略和重大决策、确定经营风险的可接受水平；考察高级管理人员是否执行董事会批准的战略和政策，以及高级管理人员和董事会间的责任、授权和报告关系是否明确；考察管理层是否促使公司员工了解公司内部控制制度并在其中发挥作用等。

项目小组通过与公司管理层交谈、查阅公司相关规章制度和风险评估报告等方法，考察管理层为风险识别和评估对公司所建立的制度或采取的措施，评价公司风险识别与评估体系的有效性。

项目小组通过与公司管理层及主要业务流程所涉及部门的负责人交谈，查阅业务流程相关文件等方式，了解业务流程及其控制措施，主要包括授权与审批、复核与查证、业务规程与操作程序、岗位权限与职责分工、相互独立与制衡、应急与预防等措施。期间，项目小组会选择一定数量的控制活动样本，采取验证、观察、询问、重新操作等测试方法，评价公司的内部控制措施是否有效实施。

项目小组通过与公司管理层和员工交谈，查阅公司相关规章制度等方式，评价信息沟通与反馈是否有效，主要包括公司是否建立了有效的信息系统，以及是否建立了有效的信息沟通和反馈渠道等，确保员工能充分理解和执行公司政策和程序，并保证相关信息能够传达到应被传达到的人员。

项目小组通过与公司管理层及内部审计部门交谈，采用询问、验证、查阅内部审计报告和监事会报告等方式，考察公司内部控制监督和评价制度的有效性。

项目小组将调查公司在报告期内的主要会计政策和会计估计，关注内部控制制度的缺陷及其可能导致的财务和经营风险。

根据经审计的财务报告，分析公司最近两年及一期的主要财务指标，并对其进行逐年比较。主要包括毛利率、净资产收益率（包括扣除非经常性损益后净资产收益率）、基本每股收益、稀释每股收益、每股净资产、每股经营活动产生的现金流量净额、资产负债率（以母公司报表为基础）、流动比率、速动比率、应收账款周转率和存货周转率等。

根据经审计的财务报告，比较同行业其他公司的情况，对公司收入、成本、费用的变动趋势、比例关系进行复核，评价财务数据之间的配比或勾稽关系[①]是否合理。对明显缺乏合理的配比或勾稽关系的事项，公司管理层应向主办券商做出说明。

项目小组将调查公司财务报告中会计科目内容的真实性、准确性、完整性和合理性，主要包括以下：

（1）应收款项；

（2）公司存货；

（3）公司投资；

（4）公司固定资产和折旧；

（5）公司无形资产；

（6）公司资产减值准备；

（7）历次资产评估情况；

（8）公司应付款项；

（9）公司收入；

（10）公司成本；

（11）公司广告费、研发费用、利息费等费用项目；

（12）公司非经常性损益等。

项目小组还将调查公司最近两年的股利分配政策、实际股利分配情况以及公司股票公开转让后的股利分配政策；调查公司的关联方、关联方关系及关联方交易，说明相应的决策权限、决策程序、定价机制等情况，并根据交易的性质和频率，分别评价经常性和偶发性关联交易对公司财务状况和经营成果的影响；核查注册会计师对公司财务报告的审计意见。

公司最近二年更换会计师事务所的，项目小组将通过咨询会计人员、

① 勾稽关系是会计在编制会计报表时常用的一个术语，是指相互间存在一种可检查验证的关系。某个会计报表和另一个会计报表之间以及本会计报表项目的内在逻辑存在对应关系，如果不相等或不对应，说明会计报表编制的有问题。

查阅会议记录、取得公司管理层说明等方法，调查公司更换会计师事务所的原因，履行审批程序情况，以及前后任会计师事务所的专业意见情况等。

（四）公司合法合规调查

项目小组进行尽职调查，还要对公司进行合法合规调查，主要调查公司设立及存续情况、重大违法违规调查、股权情况调查、财产合法性调查、重大债务调查等。

主办券商主要对公司改制过程进行重点调查，调查内容包括：查阅公司改制的批准文件、营业执照、公司章程、工商登记资料等文件；查阅审计报告、验资报告等；通过咨询公司律师或法律顾问，查阅董事会和股东会决议等文件等。

调查公司最近二年股权变动的合法合规性以及股本总额和股权结构是否发生变化；调查公司最近二年是否存在重大违法违规行为；查阅已生效的判决书、行政处罚决定书以及其他能证明公司存在违法违规行为的证据性文件，判断公司是否存在重大违法违规行为。

通过与公司股东或股东的法定代表人交谈，查阅工商变更登记资料等，调查公司股份是否存在转让限制的情形，并取得公司股东或股东的法定代表人的股份是否存在质押等转让限制情形、是否存在股权纠纷或潜在纠纷的书面声明。

通过查阅公司房产，土地使用权，商标、专利、版权、特许经营权等无形资产，以及主要生产经营设备等主要财产的权属凭证、相关合同等资料，咨询公司律师或法律顾问的意见，必要时进行实地查看，重点关注公司是否具备完整、合法的财产权属凭证，商标权、专利权、版权、特许经营权等的权利期限情况，判断是否存在法律纠纷或潜在纠纷。

调查公司的重大债务，重点关注将要履行、正在履行以及虽已履行完毕但可能存在潜在纠纷的重大合同的合法性、有效性；是否有因环境保护、知识产权、产品质量、劳动安全、人身权等原因产生的债务；以及公司金额较大的其他应付款是否因正常的生产经营活动发生，是否合法。

通过询问公司税务负责人，查阅公司税务登记证，了解公司及其控股子公司执行的税种、税率，查阅公司的纳税申报表、税收缴款书、税务处理决定书或税务稽查报告等资料，关注公司是否存在拖欠税款的情形，是否受过税务部门的处罚。

通过询问公司管理层及相关部门负责人，咨询公司律师或法律顾问，取得公司有关书面声明等，关注公司生产经营活动是否符合环境保护的要求，是否受过环境保护部门的处罚；公司产品是否符合有关产品质量及技术标准，是否受过产品质量及技术监督部门的处罚。

通过对公司控股股东、实际控制人、董事、监事、高级管理人员、核心技术（业务）人员访谈，询问公司律师或法律顾问，核查公司是否存在违约金或诉讼、仲裁费用的支出，走访公司住所地的法院和仲裁机构等方法，调查公司是否存在重大诉讼、仲裁和其他重大或有事项，分析该等已决和未决诉讼、仲裁与其他重大或有事项对公司的重大影响，并取得管理层对公司重大诉讼、仲裁和其他重大或有事项情况及其影响的书面声明。

三、编制挂牌申请文件[①]

（一）由公司董事会和股东大会审议通过有关股票在“新三板”挂牌的决议

股份有限公司成立以后，公司董事会须召开会议，就公司股票申请在“新三板”挂牌事宜形成董事会决议，审议通过相关的议案至少包括：

（1）关于公司申请股票进入“新三板”挂牌转让的议案；

（2）关于公司股票挂牌时股票转让采取竞价转让方式的议案；

（3）关于本次公司申请股票进入“新三板”挂牌转让的决议有效期的议案；

（4）关于修订《某股份有限公司章程》的议案；

（5）关于提请股东大会授权董事会全权办理公司申请股票进入“新三板”挂牌转让相关事宜的议案等。

董事会同意将本次申请挂牌的相关的议案提交股东大会审议。

---

① 适用于申请挂牌公司的股东人数未超过 200 人的情形。

有关股票在“新三板”挂牌的股东大会决议包括：

（1）关于公司申请股票进入“新三板”挂牌转让的议案；

（2）关于公司股票挂牌时股票转让采取竞价转让方式的议案；

（3）关于授权董事会全权办理公司申请股票进入“新三板”挂牌转让相关事宜的议案；

（4）关于本次公司申请股票进入“新三板”挂牌转让的决议有效期的议案；

（5）关于修订《某股份有限公司章程》的议案；

（6）关于修订《某股份公司股东大会议事规则》的议案；

（7）关于修订《某股份公司董事会议事规则》的议案；

（8）关于修订《某股份公司监事会议事规则》的议案①。

（二）由主办券商牵头，各方协同完成挂牌申请文件初稿

需要申请挂牌公司提供的文件及编制的材料包括：

（1）企业法人营业执照；

（2）公司章程；

（3）向全国股转公司提交的申请股票在“新三板”挂牌的报告；

（4）有关股票在“新三板”挂牌的董事会决议；

（5）有关股票在“新三板”挂牌的股东大会决议；

（6）股东名册及股东身份证明文件；

（7）董事、监事、高级管理人员名单及持股情况；

（8）申请挂牌公司设立时和最近两年及一期的资产评估报告；

① 议案（五）至议案（六）系挂牌时适用，经股东大会审议通过后生效，于全国股转公司同意公司股票进入“新三板”挂牌之日起施行。

（9）申请挂牌公司最近两年原始财务报表①；

（10）会计师事务所出具的财务报表及审计报告；

（11）申请挂牌公司历次的验资报告；

（12）有关税收优惠、财政补贴的依据性文件；

（13）对持续经营有重大影响的业务合同及履行情况；

（14）申请挂牌公司对电子文件与书面文件保持一致的声明；

（15）申请挂牌公司全体董事、监事和高级管理人员签署的声明及承诺书；

（16）证券简称及证券代码申请书等。

由主办券商提供的文件及项目小组编制的材料包括：

（1）主办券商推荐报告；

（2）某股份有限公司公开转让说明书（申报稿）；

（3）尽职调查报告；

（4）尽职调查工作文件②；

（5）主办券商自律说明书；

（6）主办券商对电子文件与书面文件保持一致的声明；

（7）主办券商对申请文件真实性、准确性和完整性的承诺书；

（8）主办券商业务备案函复印件及项目小组成员任职资格说明文件等。

由律师事务所编制的材料包括：

（1）关于某股份有限公司申请股票在“新三板”挂牌并公开转让的法律意见书；

（2）律师事务所对申请文件真实性、准确性和完整性的承诺书等。

---

① 申报财务报表存在差异时，需要提供差异比较表。

② 包括尽职调查工作底稿目录、相关工作记录和经归纳整理后的尽职调查工作表。

需要公司、主办券商及其他中介机构提供的文件及编制的材料还包括：

（1）主办券商与申请挂牌公司签订的推荐挂牌并持续督导协议；

（2）会计师事务所、资产评估机构对申请文件真实性、准确性和完整性的承诺书；

（3）相关中介机构对纳入公开转让说明书等文件中由其出具的专业报告或意见无异议的函；

（4）律师、注册会计师及所在机构的相关执业证书复印件；

（5）国有资产管理部门出具的国有股权设置批复文件及商务主管部门出具的外资股确认文件等。

（三）项目小组将审定后的挂牌申请文件初稿递交给主办券商内核机构审核

主办券商协同各方完成股票挂牌申请文件初稿，主要包括项目小组编制公开转让说明书，律师事务所出具法律意见书，会计师出具审计报告，以及前期完成的尽职调查报告和尽职调查工作文件。

内核机构召开内核会议对推荐文件及挂牌申请文件进行审核。内核程序启动后，项目小组根据内核会议反馈意见进行补充调查与说明，对推荐文件和挂牌申请文件进行完善。经内核会议审核通过后，主办券商向全国股转公司报送推荐文件、挂牌申请文件，同时报送的材料还包括主办券商推荐挂牌内核机构成员审核工作底稿、内核会议记录、对内核会议反馈意见的回复、内核专员对内核会议落实情况的补充审核意见、主办券商推荐挂牌内部核查表及主办券商对申请挂牌公司风险评估表等。

申请挂牌公司在其股票挂牌前，应当与中国结算公司签订证券登记及服务协议，办理全部股票的集中登记。主办券商应协助申请挂牌公司在向全国股转公司报送申请挂牌文件前，完成股东证券账户的开立工作。如股东存在外资、个人独资企业等特殊情形的，应根据中国证券登记结算有限责任公司北京分公司（以下简称中国结算北京分公司）的有关规定办理。

四、反馈审核阶段[①]

反馈审核阶段的工作主要是全国股转公司对主办券商提交的申请挂牌文件进行审核，至少会在45～60天左右，公司、主办券商及中介机构根据反馈意见及时进行回复。

主办券商通过“新三板”业务流程管理平台[②]挂牌审查系统远程端口实现挂牌申请材料的上报、反馈意见的接收、反馈意见回复以及归档等审查程序。

2014年8月4日，业务支持平台挂牌审查系统正式上线试运行。通过电子化系统报送的企业挂牌申请，全国股转公司将在其申请材料正式接收后，即在“新三板”信息披露网站按受理顺序披露其公开转让说明书（申报稿）、财务报表与审计报告、法律意见书和推荐报告等文件。

2017年9月15日，“新三板”业务支持平台日常业务系统部分功能正式上线运行，暂停转让、延期恢复转让、恢复转让、除权除息、证券简称变更、公司全称变更、股票风险警示与撤销、新增股份挂牌等日常业务一

① 适用于申请挂牌“新三板”时公司的股东人数未超过200人的情形。

② 也称“新三板”BPM平台，BPM是业务流程管理的英文缩写。

般事项将全部通过线上申请和办理，全国股转公司不再接收邮件及纸质申请。

申请挂牌公司提交挂牌申请文件应符合《全国中小企业股份转让系统业务规则（试行）》《全国中小企业股份转让系统挂牌申请文件内容与格式指引（试行）》等有关规定。全国股转公司对申请材料的齐备性、完整性进行检查。申报资料形式不符合要求将直接被驳回；需要补正申请材料的，按规定提出补正要求。

只要申报资料形式要件齐备并符合条件，全国股转让公司会出具申请挂牌材料受理通知书。申请挂牌公司在收到受理通知书后，在中国结算北京分公司网站 http：//www. chinaclear. cn/在线业务平台办理注册，取得中国结算北京分公司发放的 U－KEY 及用户手册，以用于办理股份登记等相关业务。

全国股转公司在审核时，针对文件内容的完整性检查得很仔细，一般情况下不会涉及实质性判断。审核重点在于主办券商的尽职调查是否到位，内部核查程序是否疏漏，申报资料中风险信息披露是否充分等。

申报资料能否顺利地通过全国股转公司的审核，申请挂牌公司的自身固然重要，同时主办券商项目小组和内核机构推荐业务能力高低也很关键。

对于审核过程中需要补充、披露、解释、说明，或要求主办券商、中介机构进一步核查落实的问题，审核专员会撰写书面反馈意见，由挂牌审查系统窗口告知、送达主办券商。主办券商协调有关方面在规定的时间内向窗口提交回复意见；如需延期回复，主办券商应提交申请，但最长不得超过三十个工作日。

申请挂牌材料和回复意见审查完毕后，全国股转公司出具同意或不同意挂牌的审核意见，由窗口将审核意见送达申请人及相关单位。

不少拟挂牌公司因为其自身的特殊性，历经了多次反馈，主要原因为需要多个监管单位对其出具监管意见。首家挂牌"新三板"的期货公司创元期货①就经历了三次反馈，在三次反馈意见中：股转系统曾要求主办券商对该公司股票在"新三板"挂牌是否需取得监管部门的同意发表核查意见并说明依据，要求中介机构对董事在未取得相应资质的情况下任职资格是否符合监管部门的规定做出明确意见，要求创元期货对正在申请的资管业务进展做出信息披露等。实际上，以上问题都属于项目小组尽职调查报告中涉及的调查内容。

再如，在易科势腾②的第一次反馈意见中提及了关于公司的一般问题和特有问题内容的补充。在第二次反馈意见中再提出"请公司补充完善初次反馈意见"并"补充提交挂牌同时定向发行资料"。第三次反馈意见中，仍然被要求"补充披露定向发行后公司基本情况"。同时，全国股转公司在主办券商的职责上亦提出了要求，比如上述第三次反馈意见指出，"请主办券商及律师就公司挂牌同时定向发行、做市是否符合相关规定补充核查并发表意见""请主办券商及律师补充核查定向发行过程中公司、公司股东与机构投资者有无签署对赌协议"。这意味着，主办券商的内核程序把关是否严密也非常重要。③

---

① 创元期货股份有限公司，证券代码 832280。

② 北京易科势腾科技股份有限公司，证券代码 832204。

③ 《股转系统严格反馈机制，审核提速关注重点揭晓》，记者：陈静，21 世纪经济报道，2015 年 6 月 4 日。http://www.21jingji.com/2015/6-4/0MMDAzMDdfMTM3OTE0Mw.html

五、登记、挂牌与结算

主办券商推荐股票挂牌的申请经全国股转公司审核批准后，主办券商可在 BPM 系统“挂牌审核管理”模块中的“待确认归档”任务栏中找到已经获得同意挂牌的项目。完成归档后，在“挂牌项目”栏目中查询、下载同意挂牌函①。

证券代码按照当日获得同意挂牌函的申请挂牌公司受理编号顺序由 BPM 系统生成，并由 BPM 系统对申请的证券简称进行自动校验。完成前述事项后，主办券商可在 BPM 系统“股票初始登记管理”模块中的“待提交初始登记申请列表”任务栏取得证券简称和证券代码②。

主办券商取得同意挂牌函、证券简称及证券代码的当日，应协助申请挂牌公司通过 BPM 系统进行首次信息披露。披露文件至少包括以下：

（1）公开转让说明书；

（2）财务报表及审计报告；

---

① 2017 年 6 月 16 日，全国股转公司发布并实施新修订的《全国中小企业股份转让系统股票挂牌业务操作指南（试行）》文件。

② 其中，《证券简称及证券代码申请书》属于申请挂牌文件，参考格式详见附件 1。

（3）法律意见书；

（4）补充法律意见书（如有）；

（5）公司章程；

（6）主办券商推荐报告；

（7）股票发行情况报告书（如有）；

（8）全国股转公司同意挂牌的函；

（9）中国证监会核准文件（如有）；

（10）其他公告文件（如有）等。

主办券商根据《公司法》《证券法》《全国中小企业股份转让系统业务规则（试行）》等有关规定，为申请挂牌公司准确计算挂牌当日可进入“新三板”系统公开转让的股份数量，并于取得证券简称及证券代码的三个转让日内，在BPM系统“股票初始登记管理”模块中的“待提交初始登记申请列表”上传股票初始登记申请表。该表格为办理股份初始登记的依据。

全国股转公司将申请挂牌公司的同意挂牌函和股份初始登记数据通过BPM系统传送至中国结算北京分公司在线业务平台。申请挂牌公司取得同意挂牌函、证券简称和证券代码后，应当及时向中国结算北京分公司申请办理股份初始登记，取得电子版的《股份登记确认书》等证明文件。

中国结算北京分公司通过在线业务平台将股份初始登记数据回传至全国股转系统；在取得《股份登记确认书》等证明文件的当日11时前，主办券商向全国股转公司提交股票挂牌手续。股票挂牌手续包括《股票挂牌重大事项确认函》（以下简称《确认函》，详见附件2）和《公开转让记录表》。

主办券商应根据《确认函》中列示的内容，对申请挂牌公司做首次信息披露后，完成股票挂牌前的全面核查。核查完成后，将加盖主办券商公章及项目负责人签字的《确认函》发送至全国股转公司审查员邮箱。然后，主办券商登录 BPM 系统，在“股份初始登记管理”模块中的“待提交公开转让列表”任务栏提交《公开转让记录表》。

当全国股转公司对《确认函》和《公开转让记录表》审核完成并确认股票挂牌信息后，主办券商可以在 BPM 系统查询到股票正式挂牌日期。挂牌日期为全国股转公司确认股票挂牌信息当日算起的第 3 个转让日。主办券商应协助申请挂牌公司准备办理挂牌前第二次信息披露。

主办券商登录 BPM 系统，在“挂牌前信息披露”模块中的“待二次信息披露”任务栏，找到待披露的项目。正式挂牌日的前一日 15：00 前，上传信息披露文件，文件包括：

（1）关于公司股票挂牌的提示性公告（见附件 3）；

（2）关于完成工商变更登记手续的公告（如有，见附件 4）；

（3）其他公告文件（如有）。

15：30 后在 www. neeq. com. cn 或 www. neeq. cc 上进行挂牌前的第二次信息披露。

申请挂牌公司应当在其股票挂牌前与全国股转公司签署挂牌协议，明确双方的权利、义务和有关事项。

公司股票在“新三板”正式挂牌后，按规定需要按期披露年度报告、半年度报告和临时报告。

主办券商对所推荐的公司负有持续督导的责任。

附件1：证券简称及证券代码申请书

________股份有限公司股票
证券简称及证券代码申请书

全国中小企业股份转让系统有限责任公司：

我公司股票拟在全国中小企业股份转让系统挂牌公开转让。

特向贵公司申请证券简称及证券代码，挂牌公开转让的证券简称拟定为____________。

请予核定。

申请挂牌公司经办人签名：

联系电话：

传真：

________股份有限公司

（公章）

年　月　日

说明：证券简称应从公司名称中选取不超过八个单字节字符（一般情况下不超过四个汉字字符）且应避免与已挂牌公司和上市公司重复。

附件 2：股票挂牌重大事项确认函

股票挂牌重大事项确认函

由我司推荐的____________公司股票挂牌申请已经全国股转公司同意，取得了同意挂牌函，且该公司已按规定完成了挂牌前首次信息披露和股份初始登记工作，现申请股票挂牌。

截止该确认函提交之日，我司确认：

1、该公司符合《全国中小企业股份转让系统业务规则（试行）》规定的股票挂牌条件；

2、该公司不存在实际控制人或控股股东失联的情形；

3、该公司高管已参加全国股转公司主办的培训并通过考核；

4、该公司未在区域性股权转让市场挂牌/已在区域性股权转让市场摘牌并在全国股转公司官网上发布了有关摘牌公告；

5、该公司不存在信访举报事项/信访举报事项已处理完毕，不影响公司挂牌；

6、该公司不存在其他应报告而未报告的涉及挂牌条件的事项。

综上，我司现确认该公司满足办理挂牌手续的条件。

项目负责人签名

（公章）

年　月　日

附件3：关于股票挂牌的提示性公告

________股份有限公司

关于股票挂牌的提示性公告

本公司股票挂牌公开转让申请已经全国股转公司同意。本公司股票将于______年____月____日起在全国股转系统挂牌公开转让。

证券简称：________________，证券代码：________________。

转让方式：________________。（如为做市转让，应披露做市商信息）

做市商1：________________（全称），推荐本公司股票挂牌的主办券商/推荐本公司股票挂牌的主办券商________证券公司的母（子）公司。

做市商2：________________（全称）。

所属层级：________________。

（如有挂牌同时发行，应披露发行信息）本公司挂牌同时发行总额为______股，其中限售条件______股，无限售条件______股。无限售条件股份将于______年____月____日在全国股转系统挂牌公开转让。

公开转让说明书及附件已于______年____月____日、股票发行情况报告书已于______年____月____日披露于全国股转系统指定信息披露平台www. neeq. com. cn或www. neeq. cc，供投资者查阅。

股份有限公司

（公章）

年　月　日

附件4：关于完成工商变更登记手续的公告

____________股份有限公司
关于完成工商变更登记手续的公告

根据_________股份有限公司（以下简称“公司”）____年第______次临时股东大会决议，公司成功发行______万股，募集资金______万元。

______年____月____日，公司办理完成工商变更登记手续，并取得了变更后的营业执照。

此次变更后，公司注册资本增至人民币______万元。

特此公告。

股份有限公司

（公章）

年　月　日

CHAPTER 6
第六章 身临其境 近距离感受“新三板”

“新三板”是我国多层次资本市场重要组成部分，担负着中小企业尤其是创新创业的成长企业资本突破的重要使命，因其挂牌的条件相对宽松，不以持续盈利为条件，挂牌公司必然会千差万别、鱼龙混杂。

因此，这个市场必须致力于透明度和公平性，以促使资本形成宗旨，不断健全和完善制度机制，让自律自治和市场监督发挥作用，充分保护中小投资者的权益，构建职责明确、分工清晰、信息共享、协同高效的市场体系，提升资本市场服务于实体经济的能力。

一、主办券商持续督导[①]

2014 年 10 月 9 日，《全国中小企业股份转让系统主办券商持续督导工作指引（试行）》（以下简称《指引》）发布实施，该指引是“新三板”主办券商从事推荐业务的基本制度。

按《指引》的相关要求，挂牌公司应当配合主办券商持续督导工作，接受主办券商的指导和督促，及时向主办券商提供相关材料、告知重大事项，为主办券商开展持续督导工作创造必要条件。主办券商应履行以下督导职责：

（1）指导、督促挂牌公司完善公司治理机制，提高挂牌公司规范运作水平；

（2）指导、督促挂牌公司规范履行信息披露义务，事前审查挂牌公司信息披露文件，发布风险揭示公告；

（3）开展挂牌公司现场检查工作，督促挂牌公司进行整改；

（4）建立与挂牌公司日常联系机制，对挂牌公司进行培训和业务

① 根据《全国中小企业股份转让系统主办券商持续督导工作指引（试行）》中的相关规定编写。

指导；

（5）关注挂牌公司重大变化，向全国股转公司报告挂牌公司重大事项，调查或协助调查指定事项，并配合做好挂牌公司的日常监管等。

主办券商督导挂牌公司依照法律法规制定并完善公司章程、建立健全并有效执行公司治理制度、建立健全并有效执行内部管理制度。主办券商持续督导人员可以列席挂牌公司股东大会、董事会和监事会。

挂牌公司在召开股东大会、董事会、监事会后，要及时向主办券商提供有关决议及备查文件，并在相关文件披露前为主办券商预留必要的事前审查时间。主办券商持续督导人员将检查股东大会、董事会、监事会的召集、提案审议、通知时间、召开程序、授权委托、关联方回避、表决和决议是否符合法律法规和公司章程的规定，会议记录是否正常签署、保存完整，重点检查董事会对审议事项形成的决议是否在职权范围内和股东大会授权范围内。

主办券商督导挂牌公司建立健全信息披露事务管理制度，明确挂牌公司应履行的信息披露义务，明确信息披露的内容、格式及时间要求，明确挂牌公司内部对拟披露信息的报告、流转、审查、披露流程以及相关职责划分。

首先，挂牌公司应及时向主办券商提供定期报告和临时报告所涉及的文件，并在相关文件披露前为主办券商预留必要的事前审查时间。主办券商按照相关规定的要求对挂牌公司的信息披露文件进行事前审查，督导挂牌公司的信息披露行为合法合规。主办券商对挂牌公司信息披露文件进行事后核对，若发现披露的公告中存在重大错误、遗漏或者误导的信息，督导挂牌公司及时进行更正或补充。

挂牌公司存在以下情形的，主办券商将在知悉或者应当知悉之日起十五个转让日内对其现场检查：

（1）股东大会、董事会、监事会和高级管理层不能按照公司治理要求履行职责或者规范运作；

（2）公司不能规范履行信息披露义务；

（3）控股股东、实际控制人或者其他关联方占用或者转移公司的资金、资产及其他资源；

（4）关联交易显示公允或未履行审批程序和信息披露义务；

（5）公司违规为他人提供担保；

（6）公司及其董事、监事、高级管理人员、控股股东、实际控制人涉嫌重大违法违规行为；

（7）公司经营业绩异常波动；

（8）全国股转公司要求进行现场检查的其他情形。

现场检查至少应有两人参加。主办券商在事前根据引发现场检查的相应情形确定现场检查内容，制定现场检查工作方案，事中形成现场检查工作底稿，事后完成现场检查工作报告。

挂牌公司应配合主办券商的现场检查工作。主办券商可以采取以下现场检查手段，以获取充分和恰当的现场检查资料和证据：

（1）对挂牌公司董事、监事、高级管理人员及有关人员进行访谈；

（2）察看挂牌公司的主要生产、经营、管理场所；

（3）对有关文件、原始凭证及其他资料进行查阅、复制、记录；

（4）察看或者走访对挂牌公司损益影响重大的控股或参股公司；

（5）走访或者函证挂牌公司的控股股东、实际控制人及其关联方；

（6）走访或者函证挂牌公司重要的供应商或者客户等。

主办券商应当在现场检查结束后的十个转让日内完成《现场检查工作报告》，报送全国股转公司备案。报告至少应当包括检查时间、检查地点、检查人员、检查涉及的事项、检查方法和措施、检查获取的资料和证据、检查结果、整改建议（如有）等内容。主办券商应将检查结果和整改建议（如有）以书面方式告知挂牌公司，并督促挂牌公司就整改情况向全国股转公司报告。

主办券商每年至少对其所督导的挂牌公司的董事会秘书或者信息披露事务负责人进行一次培训，培训内容包括“新三板”系统业务规则、细则、规定、指引、指南、通知等相关规定以及挂牌公司违规案例等。

挂牌公司控股股东或者实际控制人发生变更，或者受到中国证监会行政处罚或者被全国股转公司实施监管措施、纪律处分时，其董事、监事、高级管理人员、董事会秘书或者信息披露事务负责人、控股股东和实际控制人等相关人员在十个转让日内接受主办券商的培训。参加培训的人员应签字确认，培训课件和培训人员签字作为持续督导工作底稿保存。

挂牌公司办理股票限售及解除限售、证券简称或公司全称变更、暂停与恢复转让等“新三板”业务时，应及时向主办券商报告，主动接受主办券商必要的业务指导，使相关行为符合相关法律、法规和“新三板”的业务规则。

挂牌公司应建立与主办券商的日常联系机制，协助主办券商了解挂牌公司情况，对“新三板”业务有疑问应及时向主办券商咨询。在经营环境和业务、控股股东及实际控制人、管理层、采购和销售、核心技术、财务状况等方面发生的重大变化时，挂牌公司应当将及时告知主办券商。主办券商应当主动、持续关注并了解挂牌公司上述事项发生的重大变化，如达到信息披露标准，应督促挂牌公司及时履行信息披露义务。

挂牌公司董事长、总经理、财务负责人、董事会秘书或者信息披露事务负责人、会计师事务所发生变更，主办券商应及时对变更原因等进行核查或者现场检查，涉及重大未披露事项的，应督促挂牌公司履行信息披露义务。

挂牌公司和主办券商协商一致，可以解除持续督导协议。在解除持续督导协议前，当事双方应当向全国股转公司书面报告并说明理由，期间应当向全国股转公司申请暂停转让股票，直至按规定披露或相关情形消除后恢复转让。主办券商与挂牌公司解除持续督导协议，挂牌公司未能在股票暂停转让之日起三个月内与其他主办券商签署持续督导协议的，全国股转公司将终止其股票挂牌。

二、以信息披露为核心[①]

股票在“新三板”上公开转让，意味着挂牌公司属于非上市公众公司，按中国证监会颁布的《非上市公众公司监督管理办法》以及全国股转公司发布的《全国中小企业股份转让系统挂牌公司信息披露细则》（以下简称《信息披露细则》）的规定，“新三板”挂牌公司应当制定信息披露事务管理制度，聘任董事会秘书或信息披露事务负责人，履行持续信息披露的义务。[②]

信息披露是“新三板”的核心，挂牌公司或者相关信息披露义务人应该按规定在全国股转公司官方网站上公告信息。持续信息披露业务通过BPM平台信息披露系统实现披露文件的电子化填写与报送。挂牌公司应当通过编制端编制披露文件，主办券商通过报送端报送披露文件。信息披露系统在规定的时间段中将披露文件自动发送至“新三板”指定信息披露平

① 根据《非上市公众公司监督管理办法》（于2013年12月26日修订）、《全国中小企业股份转让系统挂牌公司信息披露细则》（自2017年12月22日发布并施行）、《全国中小企业股份转让系统挂牌公司持续信息披露业务指南（试行）》（自2015年1月12日起施行）等的相关内容编写。

② 创新层挂牌公司应当设立董事会秘书，由董事会秘书负责信息披露管理事务。基础层挂牌公司未设董事会秘书的，应指定一名具有相关专业知识的人员作为信息披露事务负责人，负责信息披露管理事务。

台。信息披露系统根据均衡披露原则，限制每日预约量以及修改次数。预计披露日期、变更情况及最终披露日期将在信息披露平台上公布。

“新三板”挂牌公司是信息披露的第一责任人，按规定应当及时披露所有对公司股票及其他证券品种转让价格可能产生较大影响的信息。主办券商有指导和督促所推荐挂牌公司规范履行信息披露义务，对其信息披露文件进行事前审查，发现与相关规定不符的，主办券商将实时督导，要求挂牌公司更正或补充。挂牌公司拒不更正或补充的，主办券商将在两个转让日内发布风险揭示公告并向全国股转公司报告。

全国股转公司发现已披露信息存在问题的，要求进行解释、说明、更正和补充，挂牌公司及相关主体应当及时回复，主办券商对回复文件进行审查。挂牌公司如需更正、补充信息披露文件的，应当履行相应程序。

挂牌公司不得私自披露未经主办券商审查的重大信息。在其他媒体披露信息的时间也不得早于“新三板”指定披露平台的披露时间。

挂牌公司信息披露包括挂牌前的信息披露[①]及挂牌后持续信息披露，其中挂牌后持续信息披露包括定期报告和临时报告。这一阶段的信息披露具有持续性的特征，投资者根据披露信息可以更好地判断公司未来的发展趋势。

挂牌公司申请豁免披露涉及国家机密或商业秘密的信息，应报经全国股转公司申请并提出豁免披露的充分依据。豁免定期报告相关信息披露的，主办券商协助挂牌公司在申报预约披露日期的同时通过报送端申请；豁免临时报告披露的，应及时在线下向全国股转公司提出申请。

---

① 详细内容参见本书第五章之“5.4 登记、挂牌与结算”。

基础层挂牌公司应当披露的定期报告包括年度报告、半年度报告，创新层挂牌公司还应当披露季度报告。

挂牌公司应当在规定的期限内编制并披露定期报告，在每个会计年度结束之日起四个月内编制并披露年度报告，在每个会计年度的上半年结束之日起两个月内披露半年度报告；披露季度报告的，公司应当在每个会计年度前三个月、九个月结束后的一个月内披露季度报告，且第一季度报告的披露时间不得早于上一年的年度报告。

挂牌公司应当与全国股转公司预约定期报告的披露时间，全国股转公司根据均衡原则统筹安排各挂牌公司定期报告披露时间。因故需要变更披露时间的，应当告知主办券商并向全国股转公司申请，全国股转公司视情况决定是否调整。

创新层挂牌公司年度报告预约在会计年度次年 4 月份披露的，或者预计年度业绩无法保密的，应当于会计年度次年的 2 月底前披露业绩快报。创新层挂牌公司在年度报告披露前，预计上一会计年度净利润发生重大变化的，或者在下半年度，预计当期年度净利润将发生重大变化的，应当及时进行业绩预告。

挂牌公司不得披露未经董事会审议通过的定期报告，董事会已经审议通过的，不得以董事、高级管理人员对定期报告内容有异议为由不按时披露定期报告。挂牌公司董事会因故无法对定期报告形成决议的，应当以董事会公告的方式披露具体原因和存在的风险。

挂牌公司应当在定期报告披露前及时向主办券商送达下列文件：

（1）定期报告全文、摘要（如有）；

（2）审计报告（如适用）；

（3）董事会、监事会决议及其公告文稿；

（4）公司董事、高级管理人员的书面确认意见及监事会的书面审核意见；

（5）定期报告和财务数据的电子文件等。

年度报告出现下列情形的，主办券商应当最迟在披露当日向全国股转公司报告：

（1）财务报告被出具否定意见或者无法表示意见的审计报告；

（2）经审计的期末净资产为负值；

（3）挂牌公司因更正、追溯调整年报数据导致其不符合创新层标准将被直接调整至基础层的。

挂牌公司财务报告被注册会计师出具非标准审计意见的，公司在向主办券商送达定期报告的同时，应当提交下列文件：

（1）董事会针对该审计意见涉及事项所做的专项说明，审议此专项说明的董事会决议以及决议所依据的材料；

（2）监事会对董事会有关说明的意见和相关决议；

（3）负责审计的会计师事务所及注册会计师出具的专项说明等。

临时报告是指挂牌公司按规定发布的除定期报告以外的公告。发生可能对股票或其他证券品种转让价格产生较大影响的重大事件，挂牌公司应当及时披露临时报告。

挂牌公司应当按照全国股转公司有关规定编制并披露临时报告。全国股转公司制定临时报告相关规则，对重大事件的标准有差异化规定的，挂牌公司应当遵守相关规定。

临时报告应当加盖董事会公章并由公司发布。

挂牌公司应当在临时报告所涉及的重大事件最先触及下列任一时点后及时履行首次披露义务：

（1）董事会或者监事会作出决议时；

（2）签署意向书或者协议（无论是否附加条件或者期限）时；

（3）公司（含任一董事、监事或者高级管理人员）知悉或者理应知悉重大事件发生时。

对挂牌公司股票转让价格可能产生较大影响的重大事件正处于筹划阶段，虽然尚未触及上述临时报告所涉及的重大事件的时点，但出现下列情形之一的，公司亦应履行首次披露义务：

（1）该事件难以保密；

（2）该事件已经泄漏或者市场出现有关该事件的传闻；

（3）公司股票及其衍生品种交易已发生异常波动等。

挂牌公司发生的或者与之有关的事件没有达到《信息披露细则》中规定的披露标准，或者目前没有具体规定，但董事会认为该事件涉及对股票或其他证券品种转让价格可能产生较大影响的重大信息，应当及时披露。

挂牌公司控股子公司发生的对挂牌公司股票转让价格可能产生较大影响的信息，视同挂牌公司的重大信息，挂牌公司应当披露。

挂牌公司召开董事会会议，应当在会议结束后及时将经与会董事签字确认的决议（包括所有提案均被否决的董事会决议）向主办券商报备。董事会决议涉及应当披露的重大信息，应当以临时公告的形式及时披露。

挂牌公司召开监事会会议，应当在会议结束后及时将经与会监事签字的决议向主办券商报备。其中涉及应当披露的重大信息，应当以临时公告的形式及时披露。

挂牌公司应当在年度股东大会召开二十日前或者临时股东大会召开十五日前，以临时公告方式向股东发出股东大会通知。股东大会上，不得披露、泄露未公开的重大信息。股东大会结束后，及时将相关决议公告披露。年度股东大会公告中应当包括律师见证意见。

股东大会决议涉及《信息披露细则》中规定的重大事件，且股东大会审议未通过相关议案的，挂牌公司应当就该议案涉及的事项，以临时报告的形式披露事项未审议通过的原因及相关具体安排。

挂牌公司应当根据公司章程中规定的收购与出售资产、对外投资（含委托理财、对子公司投资等）、对外提供借款、对外提供担保等事项提交董事会或股东大会审议的标准，将上述事项提交董事会或股东大会审议并按《信息披露细则》的相关规定披露。

挂牌公司董事会、股东大会审议关联交易事项时，应当执行公司章程规定的表决权回避制度。挂牌公司应披露关联交易的表决情况以及回避制度的执行情况。

对于每年发生的日常性关联交易，挂牌公司应当在披露上一年度报告之前，对本年度将发生的关联交易总金额进行合理预计，提交股东大会审议并披露。对于预计范围内的关联交易，公司应当在年度报告和半年度报告中予以分类，列表披露执行情况并说明交易的公允性。如果在实际执行中预计关联交易金额超过本年度关联交易预计总金额的，公司应当就超出金额所涉及事项依据公司章程提交董事会或者股东大会审议并披露。

除日常性关联交易之外的其他关联交易，挂牌公司应当经过股东大会审议并以临时公告的形式披露；公司章程未规定的，应当提交股东大会审议并披露。

挂牌公司与关联方①进行下列交易，可以免予按照关联交易的方式进行审议和披露：

（1）一方以现金认购另一方发行的股票、公司债券或企业债券、可转换公司债券或者其他证券品种；

① 挂牌公司的关联方及关联关系包括《企业会计准则》第36号——关联方披露规定的情形，以及挂牌公司、主办券商或全国股份转让系统公司根据实质重于形式原则认定的情形。

（2）一方作为承销团成员承销另一方公开发行的股票、公司债券或企业债券、可转换公司债券或者其他证券；

（3）一方依据另一方股东大会决议领取股息、红利或者报酬。

（4）挂牌公司与其合并报表范围内的控股子公司发生的或者上述控股子公司之间发生的关联交易。

发生《信息披露细则》中的规定其他重大事件，挂牌公司应及时予以信息披露。包括并不限于以下重大事件：

（1）在董事会审议通过利润分配或资本公积转增股本方案后，挂牌公司应当及时披露方案具体内容，并于实施方案的股权登记日前披露方案实施公告。

（2）股票转让被全国股转公司认定为异常波动的，挂牌公司应当于次一股份转让日披露异常波动公告。如果次一转让日无法披露，公司应当向全国股转公司申请股票暂停转让直至披露后恢复转让。

（3）公共媒体传播的消息（俗称“传闻”）可能或者已经对公司股票转让价格产生较大影响的，挂牌公司应当及时向主办券商提供有助于甄别传闻的相关资料，并决定是否发布澄清公告。

（4）实行股权激励计划的，挂牌公司应当严格遵守全国股转公司的相关规定，并履行相关信息披露义务。

（5）限售股份在解除转让限制前，挂牌公司应当按照全国股转公司有关规定披露相关公告或履行相关手续。

（6）挂牌公司投资者及其一致行动人拥有权益的股份达到《非上市公众公司收购管理办法》规定标准的，应当按其规定履行权益变动或控制权变动的披露义务。

（7）挂牌公司和相关信息披露义务人披露承诺事项的，应当严格遵守其披露的承诺事项。公司未履行承诺的，应当及时披露原因及相关当事人可能承担的法律责任；相关信息披露义务人未履行承诺的，公司应当主动询问，并及时披露原因，以及董事会拟采取的措施。

（8）全国股转公司对挂牌公司实行风险警示或做出股票终止挂牌决定后，挂牌公司应当及时披露。

挂牌公司出现以下情形之一的，应当自事实发生或董事会决议之日起及时披露：

（1）挂牌公司控股股东、实际控制人及其一致行动人发生变更；

（2）挂牌公司控股股东、实际控制人或者其关联方占用资金；

（3）法院裁定禁止有控制权的大股东转让其所持挂牌公司股份；

（4）任一股东所持挂牌公司5%以上的股份被质押、冻结、司法拍卖、托管、设定信托或者被依法限制表决权；

（5）挂牌公司董事、监事、高级管理人员发生变动，董事长或者总经理无法履行职责；

（6）挂牌公司减资、合并、分立、解散及申请破产的决定，或者依法进入破产程序、被责令关闭；

（7）挂牌公司董事会就收购与出售重大资产、对外重大投资（含委托理财、对子公司投资等）事项的方案、协议签订作出决议；

（8）挂牌公司董事会就股票拟在证券交易所上市或者发行其他证券品种作出决议；

（9）挂牌公司董事会就回购股份、股权激励方案作出决议；

（10）挂牌公司变更会计政策、会计估计（因法律、行政法规、部门规章修订造成的除外），变更会计师事务所；

（11）挂牌公司董事会就对外提供借款（对控股子公司借款除外）、对外提供担保（对控股子公司担保除外）事项作出决议；

（12）挂牌公司涉及重大诉讼、仲裁事项，股东大会、董事会决议被依法撤销或者宣告无效；

（13）挂牌公司或其控股股东、实际控制人、董事、监事、高级管理人员被纳入失信联合惩戒对象；

（14）挂牌公司取得或丧失重要生产资质、许可、特许经营权，或生产经营的外部条件、行业政策发生重大变化；

（15）挂牌公司涉嫌违法违规被中国证监会及其派出机构或其他有权机关立案调查，被移送司法机关或追究刑事责任，受到对公司生产经营有重大影响的行政处罚，被中国证监会及其派出机构采取行政监管措施；公司董事、监事、高级管理人员涉嫌违法违规被中国证监会及其派出机构或其他有权机关立案调查或者采取强制措施，被中国证监会及其派出机构处以证券市场禁入、认定为不适当人员，受到对公司生产经营有重大影响的行政处罚；

（16）因前期已披露的信息存在差错、未按规定披露或者虚假记载，被有关机构责令改正或者经董事会决定进行更正；

（17）挂牌公司发生违规对外担保，或者资金、资产被控股股东、实际控制人或其关联方占用的，应当披露相关事项的整改进度情况。

（18）法律、行政法规规定的，或者中国证监会、全国股转公司、主办券商认定的其他情形。

挂牌公司及其他信息披露义务人应当将信息披露公告文稿和相关备查文件置备于公司住所供社会公众查阅。

三、登记结算业务[①]

根据《全国中小企业股份转让系统有限责任公司管理暂行办法》[②] 第十四条之规定，“新三板”系统的登记结算业务由中国结算公司负责。全国股转公司与中国结算公司签订登记结算业务协议，并报中国证监会备案。

正式挂牌前，主办券商协助申请挂牌公司与中国结算公司签订证券登记及服务协议。在获得全国股转公司同意挂牌的审查意见及中国证监会的核准文件后，办理全部股份的集中登记。拟挂牌公司股东初始登记的股份托管在主办券商处。

中国结算公司设立电子化证券簿记系统，实行股份的无纸化管理，依据电子证券簿记系统记录的结果，确认股份持有人持有股份的事实。电子化证券簿记系统记录采取整数位，记录股份数量的最小单位为1股。

① 根据《中国证券登记结算有限责任公司关于全国中小企业股份转让系统登记结算业务实施细则》（自2015年5月19日正式实施）、《中国证券登记结算有限责任公司证券账户业务指南》（自2014年10月1日起施行，于2017年8月14日修订）相关内容编写。

② 《全国中小企业股份转让系统有限责任公司管理暂行办法》，发布时间为2014年5月15日。

中国结算公司对股份登记申请人有效送达的登记资料进行形式审核。有效送达的登记资料指股份登记申请人直接送达或通过主办券商（或中国结算公司认可的其他机构）间接送达中国结算公司的书面文件或电子文件。

境内自然人申请开立证券账户时，需提交证券账户开立申请表和投资者第二代居民身份证及复印件。委托他人代办的，还需提供经公证的委托代办书、代办人有效身份证明文件及复印件。

境内法人申请开立证券账户时，需提交以下申请材料：

（1）证券账户开立申请表；

（2）投资者有效身份证明文件①及复印件；

（3）法定代表人证明书、法定代表人授权委托书和法定代表人的有效身份证明文件复印件②；

（4）经办人有效身份证明文件及复印件等。

拟挂牌公司申请办理股份初始登记时，应当提供以下申请材料：

（1）股份登记申请；

（2）全国股转公司同意挂牌的审查意见，需要中国证监会核准的，还需提供中国证监会的核准文件；

（3）全国股转公司出具的证券代码、证券简称的确认函；

（4）拟挂牌公司已签字盖章的《证券登记及服务协议》；

（5）拟挂牌公司股份涉及司法冻结或限制转让、质押登记的，还需提供司法协助执行或限制转让、质押登记相关申请材料；

（6）拟挂牌公司营业执照复印件、组织机构代码证复印件、法定代表

---

① 公司制法人为工商营业执照，社团法人为社团法人登记证书，事业法人为事业单位法人证书，机关法人为机关法人成立批文等。

② 需加盖公章，授权委托书还需法定代表人签章。

人证明书、法定代表人授权委托书等。

中国结算公司对拟挂牌公司的初始登记申请材料审核无误后，根据其申报的股份持有明细数据，办理股份初始登记，并向拟挂牌公司出具股份登记证明文件。

正式挂牌后，公司股份将记录在股份持有人以本人名义开立的证券账户中。符合法律、行政法规和证监会规定的，股份也可以记录在名义持有人名下。名义持有人应当负责记录其名下权益拥有人持有的股份余额及其变更情况，也可以委托中国结算公司进行记录。

挂牌公司申请办理定向发行新增股份登记，应当提供以下申请材料：

（1）挂牌公司新增股份登记申请；

（2）全国股转公司同意定向发行的审查意见[①]；

（3）经全国股转公司确认的定向发行备案登记表；

（4）具有从事证券业务资格的会计师事务所出具的关于挂牌公司全部募集资金到位的验资报告；

（5）挂牌公司营业执照复印件、组织机构代码证复印件、法定代表人证明书、法定代表人授权委托书等。

中国结算公司对挂牌公司提交的定向发行新增股份登记申请材料审核无误后，根据其申报的股份持有明细数据，办理定向发行新增股份初始登记，并向挂牌公司出具股份登记证明文件。

挂牌公司办理配股、股份拆分、股份合并、股份注销等登记，应该向全国股转公司备案，经备案确认后向中国结算公司提出申请，中国结算公司对挂牌公司的申请材料审核通过后，根据其申请办理相应的股份登记。

挂牌公司派发股份股利及公积金转增股本应当向中国结算公司提出申

① 需要中国证监会核准的，还需提供证监会的核准文件。

请，中国结算公司对挂牌公司的申请材料进行审核，通过后，根据其申请派发相应股份。

挂牌公司委托中国结算公司派发现金红利，应当向中国结算公司提出申请，并在规定的时间内将用于派发现金红利的资金划至指定银行账户。中国结算公司确认挂牌公司的相应款项到账后，根据有关业务规定办理资金划付手续。

中国结算公司根据挂牌公司的申报和全国股转公司的确认，办理挂牌公司股份的限售或解除限售的登记。

公司终止挂牌后，如股票转至其他证券交易场所转让且继续委托中国结算公司为其提供股份登记服务的，根据相关规定，中国结算公司将记录在股份持有人证券账户中的股份转移至该股份持有人另一证券账户。

根据中国证监会《非上市公众公司监督管理办法》，挂牌公司终止挂牌后，如股东人数超过 200 人的，应当继续委托中国结算公司为其提供股份登记服务。如股东人数低于 200 人且股票不转至其他证券交易场所转让的，仍可继续委托中国结算公司为其提供股份登记服务。投资者持有的股份继续托管在相关主办券商处。

公司终止挂牌后，不再委托中国结算公司继续为其提供股份登记服务的，须按规定办理股份退出登记手续。

四、 股票转让方式[①]

全国股转公司“新三板”交易支持平台与中国结算公司登记结算系统形成安全稳定对接的电子化体系，以交易系统、行情系统、交易监察系统为中心，实现证券交易、行情发布、交易监察、基础数据维护、交易控制、盘后业务处理、统计分析、系统监控等一系列功能。

目前，交易支持平台主要支持股票公开转让以及股权激励为目的的期权创设、网下行权等功能。同时，还将支持中小企业私募债和公司债、优先股、ETF 等多种金融产品。

“新三板”的股票采用无纸化的公开转让形式，或经中国证监会批准的其他转让形式。除非有全国股转公司特别规定，“新三板”对股票转让不设涨跌幅限制。

全国股转公司为股票转让提供相关设施，包括交易主机、交易单元、报盘系统及相关通信系统等。主办券商进入“新三板”系统进行股票转

① 根据《全国中小企业股份转让系统业务规则（试行）》（2013 年 2 月 8 日发布，2013 年 12 月 30 日修改）、《全国中小企业股份转让系统股票转让细则》（2017 年 12 月 22 日发布，2018 年 1 月 15 日实施）、《全国中小企业股份转让系统交易支持平台技术指引（V1.0）》等相关规定编写。

让，应当向全国股转公司申请并取得转让权限，成为转让参与人。转让参与人通过向全国股转公司申请开设的交易单元进行股票转让。交易单元是接受全国股转公司服务及监管的基本业务单位。

“新三板”的股票可以采取做市转让方式、竞价转让方式、协议转让方式进行转让。除采取做市转让方式的股票外，其他股票采取竞价转让方式。

挂牌公司提出申请并经全国股转公司同意，可以变更股票转让方式。

投资者买卖挂牌公司股票，应当以实名方式开立证券账户和资金账户，并与主办券商签订证券买卖委托代理协议，并签署相关风险提示书。

投资者可以通过书面委托方式或电话、自助终端、互联网等自助委托方式委托主办券商买卖股票。

股票转让时间为每周一至周五上午 9：15 至 11：30，下午 13：00 至 15：00。转让时间内因故停市，转让时间不作顺延。遇法定节假日和全国股份转让系统公司公告的休市日，全国股份转让系统休市。①

申请挂牌公司股票采取何种转让方式应当由股东大会形成决议。股票挂牌时，建议首先采取竞价转让方式。申请挂牌公司应当在提交挂牌申请文件时，向全国股转公司提交相关决议和关于股票采取竞价转让方式的申请书。全国股转公司在出具同意股票挂牌审查意见时，确认股票的转让方式。

做市转让方式

有两家以上做市商为其提供做市报价服务的股票，可以采取做市转让方式。

---

① 经中国证监会的批准，全国股转公司可以调整转让时间。

挂牌时采取做市转让方式的股票，初始做市商应当取得合计不低于挂牌公司总股本5%或100万股（以孰低为准），且每家做市商不低于10万股的做市库存股票。除上述情形外，做市商在做市前应当取得不低于10万股的做市库存股票。做市商的做市库存股票可通过股东在挂牌前转让、股票定向发行、在“新三板”系统买入以及其他合法方式获得。

做市商应在“新三板”系统持续发布买卖双向报价，并在其报价数量范围内按其报价履行与投资者的成交义务。做市转让方式下，投资者之间不能成交。全国股份转让系统公司另有规定的除外。

投资者可以采用限价委托方式委托主办券商买卖股票。限价委托是指投资者委托主办券商按其限定的价格买卖股票的指令，主办券商必须按限定的价格或低于限定的价格申报买入股票；按限定的价格或高于限定的价格申报卖出股票。

“新三板”系统接受限价申报、做市申报的时间为每个转让日的9：15至11：30、13：00至15：00。①

每个转让日的9：30至11：30、13：00至15：00为做市转让撮合时间。做市商每个转让日提供双向报价的时间应不少于做市转让撮合时间的75%。

采取做市转让方式的股票，开盘价为该股票当日第一笔成交价。采取做市转让方式的股票，收盘价为该股票当日最后一笔成交前15分钟成交量加权平均价（含最后一笔交易）。当日无成交的，以前收盘价为当日收盘价。

协议转让方式

单笔申报数量不低于10万股，或者转让金额不低于100万元人民币

---

① 全国股转公司可以调整接受申报的时间。

的，可以采取协议转让方式进行股票转让。因收购、股份权益变动或引进战略投资者等原因导致的股票转让，可以申请进行特定事项协议转让①。

投资者可以采用成交确认委托方式委托主办券商买卖股票。成交确认委托是指投资者买卖双方达成成交协议，委托主办券商按其指定的价格和数量与指定对手方确认成交的指令。

交易主机接受申报的时间为每个转让日的9：15至11：30、13：00至15：30。②

每个转让日的15：00至15：30为协议转让的成交确认时间。③

系统对证券代码、申报价格和申报数量相同，买卖方向相反，指定对手方交易单元、证券账户号码相符及成交约定号一致的成交确认申报进行确认成交。

协议转让的成交价格应当不高于前收盘价的200%或当日已成交的最高价格中的较高者，且不低于前收盘价的50%或当日已成交的最低价格中的较低者。

竞价转让方式

竞价转让方式包括集合竞价和连续竞价两种方式。目前，“新三板”系统中，竞价转让方式即集合竞价方式。采取连续竞价方式的具体条件由全国股份转让系统公司另行制定。

集合竞价方式

集合竞价方式是指对一段时间内接受的买卖申报一次性集中撮合的竞价方式。采取集合竞价方式的股票，全国股转公司根据挂牌公司所属市场

① 特定事项协议转让的具体办法由全国股转公司另行制定。
② 全国股转公司可以调整接受申报的时间。
③ 这意味着“新三板”系统取消了盘中协议转让。

层级为其提供相应的撮合频次。

采取集合竞价转让方式的基础层股票，交易主机于每个转让日的15：00，对接受的买卖申报进行集中撮合；采取集合竞价转让方式的创新层股票，交易主机于每个转让日的9：30、10：30、11：30、14：00、15：00，对接受的买卖申报进行集中撮合。[①]

采取集合竞价转让方式的股票，每次集中撮合前5分钟交易主机不接受撤销申报；在其他接受申报的时间内，未成交申报可以撤销。

采取集合竞价转让方式的股票，申报有效价格范围为前收盘价的50%至200%。无前收盘价的，成交首日不设申报有效价格范围，自次一转让日起设置申报有效价格范围。

连续竞价方式

连续竞价方式是指对买卖申报逐笔连续撮合的竞价方式。

投资者可以采用限价委托方式委托主办券商买卖股票，“新三板”系统接受主办券商的限价申报。限价委托是指投资者委托主办券商按其限定的价格买卖股票的指令，主办券商必须按限定的价格或低于限定的价格申报买入股票；按限定的价格或高于限定的价格申报卖出股票。

采取连续竞价转让方式的股票，每个转让日的9：15至9：25为开盘集合竞价时间，9：30至11：30、13：00至14：55为连续竞价时间，14：55至15：00为收盘集合竞价时间。

全国股份转让系统接受主办券商限价申报的时间为每个转让日9：15至11：30、13：00至15：00。

采取连续竞价转让方式的股票，每个转让日9：20至9：25、14：55至15：00，交易主机不接受撤销申报；在其他接受申报的时间内，未成交

---

① 全国股转公司可以根据市场需要，调整集合竞价的撮合频次。

申报可以撤销。每个转让日 9：25 至 9：30，交易主机只接受申报，但不对买卖申报或撤销申报作处理。①

采取连续竞价转让方式的股票，开盘集合竞价的申报有效价格范围为前收盘价的上下 20% 以内。连续竞价、收盘集合竞价的申报有效价格范围为最近成交价的上下 20% 以内；当日无成交的，申报有效价格范围为前收盘价的上下 20% 以内。

“新三板”系统对采取竞价转让方式的股票设置申报有效价格范围，超出该有效价格范围的申报无效。特别的，挂牌后无成交的股票，对申报不设置有效价格范围。

① 全国股份转让系统公司可以调整接受申报的时间。

五、分层管理办法[①]

为进一步完善“新三板”系统促使资本形成的市场功能，针对挂牌公司的差异化特征，“新三板”市场内部宜设置分层级的指标体系。

实施分层管理有利于满足不同规模的企业、不同类型的企业以及不同发展阶段的挂牌公司不同的融资需求。同时，实施分层管理也有利于满足投资者不同的风险偏好，有利于降低投资者信息收集的成本，有利于提高市场风险管控的能力。

施行分层管理不是将“新三板”市场简单地划分为天堂与地狱，并以此来标识挂牌公司为优秀或劣等，而是在“新三板”市场内部提供多层级的资本平台，不同层级实行不同的制度安排，给挂牌公司和其他市场参与者更多的选择空间。

鹰击长空，鱼翔浅底，万类霜天竞自由。

按照“多层次、分步走”的思路，2016 年 5 月 27 日，全国股转公司颁布了《全国中小企业股份转让系统挂牌公司分层管理办法（试行）》

① 根据《全国中小企业股份转让系统挂牌公司分层管理办法》（于 2017 年 12 月 22 日发布并施行）相关规定编写。

（以下简称《分层管理办法（试行）》），正式实施市场分层。经过近两年以来的实践，针对分层制度实施过程中出现的问题，全国股转公司进行了分层制度改革，目的是使分层标准更好地体现分层制度的初衷，更有利于后续差异化制度的配套。

2017 年 12 月 22 日，全国股转公司发布《全国中小企业股份转让系统挂牌公司分层管理办法》（以下简称《分层管理办法》），并于发布之日起实施。[①] 按其规定，将于 2018 年 4 月 30 日启动 2018 年的市场分层调整工作。

目前，“新三板”市场被划分为两个层级，符合不同标准的挂牌公司分别纳入创新层或基础层。如何划分创新层和基础层呢？全国股转公司设置了进入创新层的三套标准条件，分别侧重于盈利要求、成长性要求以及做市市值要求。挂牌公司只要满足其中标准条件之一的，就可以进入创新层。

标准一 最近两年的净利润均不少于 1000 万元（以扣除非经常性损益前后孰低者为计算依据）；最近两年加权平均净资产收益率平均不低于 8%（以扣除非经常性损益前后孰低者为计算依据）；股本总额不少于 2000 万元。

标准二 最近两年营业收入连续增长，且年均复合增长率不低于 50%；最近两年营业收入平均不低于 6000 万元；股本总额不少于 2000 万元。

标准三 最近有成交的 60 个做市或者竞价转让日的平均市值不少于 6 亿元；股本总额不少于 5000 万元；采取做市转让方式的，做市商家数不少于 6 家。

---

① 2016 年 5 月 27 日发布并实施的《全国中小企业股份转让系统挂牌公司分层管理办法（试行）》（以下简称《分层管理办法（试行）》）同时废止。

除了满足上述三套标准条件之一以外，挂牌公司进入创新层还需要满足：

（1）最近12个月完成过股票发行融资，且融资额累计不低于1000万元以及合格投资者不少于50人。

（2）公司治理健全、合法合规性的强制要求。主要包括公司内部各项管理制度健全完备；设立董事会秘书且取得“新三板”董事会秘书资格证书；无重大违法违规；按规定披露定期报告等。

（3）近一个会计年度经审计的期末净资产不为负值。最近两个会计年度的财务会计报告未被会计师事务所出具非标准审计意见的审计报告。按前述“标准二”条件进入创新层的挂牌公司，最近三个会计年度的财务会计报告未被会计师事务所出具非标准审计意见的审计报告。

（4）全国股转公司规定的其他条件。

未进入创新层的挂牌公司进入基础层。

在《分层管理办法（试行）》中，创新层维持条件是以量化的财务指标为主，设置的基本逻辑是与准入条件相对应，指标具体数值低于准入条件。从实践来看，挂牌公司多为中小微企业，业绩波动是经营中的正常现象，以财务指标为主的创新层维持条件，容易导致公司“大进大出”、频繁升降层，由此伴随的交易方式变化，既存在操作风险，也容易导致市场不稳定。

最新发布的《分层管理办法》中，将创新层维持条件调整为：

（1）合格投资者不少于50人。

（2）公司治理健全、合法合规性的强制要求。主要包括公司各项内部管理制度健全完备；设立董事会秘书且取得“新三板”董事会秘书资格证书；无重大违法违规；按规定披露定期报告等。

（3）最近一个会计年度期末净资产不为负值、最近三个会计年度的财务会计报告未被会计师事务所出具非标准审计意见的审计报告等。

（4）全国股转公司规定的其他条件。

全国股转公司特别强调，调整后的创新层维持条件，既体现了对中小微企业经营特点的包容性，又把握了风险控制的底线要求。在每年分层调整时，因违法违规或持续经营能力存疑导致不符合上述维持条件的创新层公司，将被调整至基础层。

除每年的定期调整之外，《分层管理办法》中还规定了强制降层制度。创新层挂牌公司出现以下情形之一的，全国股转公司将在20个转让日内直接将其调整至基础层。

（1）挂牌公司因更正年报数据导致其不符合创新层标准的[①]。

（2）挂牌公司被认定存在财务造假或者市场操纵等情形，导致其不符合创新层标准的。[②]

（3）挂牌公司不符合创新层公司治理要求且持续时间达到3个月以上的。

（4）全国股转公司认定的其他情形。

全国股转公司根据分层标准及维持标准，于每年4月30日启动挂牌公司所属层级的调整工作。基础层的挂牌公司，符合创新层条件的，调整进入创新层；不符合创新层维持条件的挂牌公司，调整进入基础层。全国股转公司可以根据分层管理的需要，适当提高或降低挂牌公司层级调整的频率。

全国股转公司正式调整挂牌公司层级前，在全国股转系统官网公示进入基础层和创新层的挂牌公司名单。挂牌公司对分层结果有异议或者自愿

① 原文如此。应该是指挂牌公司首次调整到创新层第一年内的情形。

② 原文如此。是否存在“挂牌公司被认定财务造假或者市场操纵等情形，并未导致不符合创新层标准的”？

放弃进入创新层的，应当在 3 个转让日内提出。全国股转公司可视异议核实情况调整分层结果。

差异化制度安排既是市场分层的目的，也是分层制度的重要组成部分。

具体而言，在股票转让方式的差异化方面，对于采用集合竞价转让方式的挂牌公司，创新层公司每个转让日撮合 5 次；而基础层公司每个转让日仅撮合 1 次。

在信息披露制度的差异化方面，对创新层公司增加了季度报告、业绩快报和业绩预告等披露要求，在执行审计准则等方面从严要求，并初步实现分行业信息披露；而基础层公司披露要求基本保持不变。

“新三板”市场主要为创新型、创业型、成长型中小微企业发展服务。一般情况下，国务院设立这个市场时的市场定位应该是其内部分层管理的前提条件。

大国的崛起需要多层次资本市场的健康发展，让更多的公司实现资本突破，让金融回归本位，更好地支持实体经济的发展。

六、投资者适当性管理[①]

市场的本质就是招徕更多的卖方和买方，然后撮合卖方和买方达成交易。市场的流动性就是在保持价格基本稳定的前提下，达成交易的速度和可能性。

随着“新三板”的持续扩容，如果市场中的挂牌公司的资质管理出现疏漏，投资者的专业水平和心理素质参差不齐，市场买卖双方的供需关系就很容易失衡，高估值的股票价格泡沫首先会破裂，对于投资者而言就意味着损失。

“新三板”的投资风险不容忽视。

为保障市场平稳有序发展，有效控制市场风险，保护投资者合法权益，“新三板”实施投资者适当性管理制度。全国股转公司于2013年2月8日发布《全国中小企业股份转让系统投资者适当性管理细则（试行）》，于2017年7月1日第二次修订并施行。

① 根据《主办券商投资者适当性管理问题解答》（2015年9月23日发布）、《全国中小企业股份转让系统投资者适当性管理细则（试行）》（2013年2月8日发布，2013年12月30日第一次修订并施行，2017年7月1日第二次修订并施行）、《优先股试点管理办法》（2014年3月21日发布并实施）等文件的相关内容编写。

投资者参与挂牌公司股票公开转让、定向发行股票等相关业务，应当熟悉“新三板”市场的相关规定，了解挂牌公司股票等证券的风险特征，结合自身风险偏好确定投资标的，客观评估自身的心理和生理承受能力、风险识别能力及风险控制能力，审慎决定是否参与投资。

首先，投资者需要选择一家具有“新三板”经纪业务资格的主办券商。主办券商履行投资者适当性管理职责，了解投资者的身份、财务状况、证券投资经验等相关信息，评估投资者的风险承受能力和风险识别能力，有针对性地开展风险揭示、投资者知识普及、投资者服务等工作，引导投资者审慎参与挂牌公司股票公开转让等相关业务。

其次投资者需要向主办券商提供符合参与“新三板”系统股票公开转让条件的证明材料，接受主办券商的投资者适当性审查，如实提供申报材料。投资者不予配合或提供虚假信息的，主办券商就会拒绝为其办理挂牌公司股票公开转让相关业务。

参与挂牌公司股票公开转让业务的自然人投资者须同时符合下列条件：

（1）在签署协议之日前，投资者本人名下最近 10 个转让日的日均金融资产 500 万元人民币以上。金融资产是指银行存款、股票、债券、基金份额、资产管理计划、银行理财产品、信托计划、保险产品、期货及其他衍生产品等。

（2）具有 2 年以上证券、基金、期货投资经历，或者具有 2 年以上金融产品设计、投资、风险管理及相关工作经历，或者具有《办法》第八条第一款规定的证券公司、期货公司、基金管理公司及其子公司、商业银行、保险公司、信托公司、财务公司，以及经行业协会备案或者登记的证券公司子公司、期货公司子公司、私募基金管理人等金融机构的高级管理人员任职经历。

证券交易所、证券公司和证券登记结算机构的从业人员、证券监督管理机构的工作人员以及法律、行政法规禁止参与股票交易的其他人员，在任期或者法定限期内，不得直接或者以化名、借他人名义申请参与挂牌公司股票公开转让。

参与挂牌公司股票公开转让业务的机构投资者的范围包括：

（1）实收资本或实收股本总额500万元人民币以上的法人机构；

（2）实缴出资总额500万元人民币以上的合伙企业；

（3）证券公司资产管理产品、基金管理公司及其子公司产品、期货公司资产管理产品、银行理财产品、保险产品、信托产品、经行业协会备案的私募基金等理财产品，社会保障基金、企业年金等养老金，慈善基金等社会公益基金，合格境外机构投资者（QFII）、人民币合格境外机构投资者（RQFII）等机构投资者。

按《非上市公众公司监督管理办法》之规定，下列投资者可以参与挂牌公司股票定向发行：

（1）公司股东；

（2）公司的董事、监事、高级管理人员、核心员工①；

（3）符合参与挂牌公司股票公开转让条件的自然人投资者、机构投资者。

公司确定发行对象时，符合上述第（2）项、第（3）项规定的投资者不得超过35名。②

---

① 核心员工的认定，应当由公司董事会提名，并向全体员工公示和征求意见，由监事会发表明确意见后，经股东大会审议批准。

② 显然，这个规定中在很大程度上限制了挂牌公司的资金来源。也就是说，不符合“新三板”适当性管理制度的投资者很难获得挂牌公司的投资机会。从风险控制的角度存在一定的合理性，但也使公司在“新三板”挂牌后，在接受小股东投资方面受到了严格限制。这个规定疑似借用了美国证券交易监督委员会1974年颁布的《146规则》对于私募发行规定的人数标准，私募发行过程中，非获许投资者的购买人数不超过35人，但是对获许投资者的数量不限。其中，获许投资者是主要指银行、保险公司、投资公司、依托公司等机构投资者；非获许投资者是指没有充分的证据表明具备自我保护能力的自然人投资者。

公司挂牌前的股东，通过定向发行持有公司股份的股东等，如不符合参与挂牌公司股票公开转让条件，只能买卖其持有或曾持有的挂牌公司股票。

已经参与挂牌公司股票买卖的投资者保持原有交易权限不变。

参与挂牌公司优先股业务的合格投资者范围主要包括：

（1）经有关金融监管部门批准设立的金融机构，包括商业银行、证券公司、基金管理公司、信托公司和保险公司等；

（2）上述金融机构面向投资者发行的理财产品，包括但不限于银行理财产品、信托产品、投连险产品、基金产品、证券公司资产管理产品等；

（3）实收资本或实收股本总额不低于人民币五百万元的企业法人；

（4）实缴出资总额不低于人民币五百万元的合伙企业；

（5）合格境外机构投资者（QFII）、人民币合格境外机构投资者（RQFII）、符合国务院相关部门规定的境外战略投资者；

（6）除发行人董事、高级管理人员及其配偶以外的，名下各类证券账户、资金账户、资产管理账户的资产总额不低于人民币五百万元的个人投资者；

（7）经中国证监会认可的其他合格投资者。

投资者接受风险揭示服务的过程中要求有录像和录音。主办券商会在认真审核投资者提交的相关材料的基础上，向投资者充分阐述《买卖挂牌公司股票委托代理协议》和《挂牌公司股票公开转让特别风险揭示书》中的内容，并要求投资者抄录《挂牌公司股票公开转让特别风险揭示书》中的特别声明。

CHAPTER 7
第七章　花开蝶自来
挂牌后的资本运营

国务院批准设立国家级的“新三板”证券交易市场，最大的成就是在中小微企业群体中形成资本市场的文化，让更多的创业者和高级管理人员知道如何与投融资机构打交道，善于和资本市场亲密接触。

“新三板”挂牌的条件相对宽松，申请挂牌更接近一种洗礼仪式。“新三板”挂牌只是促使资本形成的第一步，挂牌后的运营才是资本突破的关键。

一、 公开转让股票

目前，在“新三板”挂牌就意味着可以公开转让股票。按中国证监会的规定，挂牌公司只能在“新三板”系统发布股票买卖意向信息以及进行股票转让，其他任何市场机构不得组织该类交易行为和发布股票买卖意向信息。

按《公司法》中规定，发起人持有的本公司股份，自公司成立之日起一年内不得转让。“新三板”公司挂牌时，若股份有限公司成立日起尚不满一年的，则发起人持有的股票自股份有限公司成立日一年内不得转让。

对于挂牌公司控股股东及实际控制人在挂牌前直接或间接持有的股票，将分三批解除转让限制，每批解除转让限制的数量均为其挂牌前所持股票的三分之一，解除转让限制的时间分别为挂牌之日、挂牌期满一年和两年。挂牌前十二个月以内，控股股东及实际控制人直接或间接持有的股票进行过转让的，该股票的管理按照上述规定执行。主办券商为开展做市业务取得的做市初始库存股票除外。

公司董事、监事、高级管理人员应当向公司申报所持有的本公司的股份及其变动情况，在任职期间每年转让的股份不得超过其所持有本公司股份总数的25%，并且所持本公司股份自挂牌日起一年内不得转让。上述人员离职半年内，不得转让其所持有的本公司股份。此外，挂牌公司亦可以通过公司章程的特别约定对公司董事、监事、高级管理人员转让其所持有的本公司股份做出其他限制性规定。

因司法裁决、继承等原因导致有限售期的股票持有人发生变更的，后续持有人应继续执行股票限售规定。

股票解除转让限制，应由挂牌公司向主办券商提出，由主办券商报全国股转公司备案。全国股转公司备案确认后，通知中国结算公司办理解除限售登记。

原则上，公司不得收购本公司的股票。但是，允许公司在下列情形之下收购本公司的股票：

（1）经股东大会决议，以减少公司注册资本，应在收购之日起10日内注销。

（2）与持有本公司股份的其他公司合并。

（3）经股东大会决议，将股票奖励给本公司职工，应在一年内转让。

（4）股东因股东大会做出的公司合并、分立决议持有不同意见，要求公司收购其股份的。

公司依照第（1）条和第（3）条的规定收购本公司股份，不得超过已发行股票总额的5%。

股票向特定对象转让股票导致股东累计超过200人的股份有限公司，应当自上述行为发生之日起3个月内，按照中国证监会有关规定制作申请文件，申请文件应当包括但不限于定向转让说明书、律师事务所出具的法律意见书、会计师事务所出具的审计报告等。

公司持申请文件向中国证监会申请核准。在3个月内股东人数降至200人以内的，可以不提出申请。

主办券商接受投资者的买卖委托后，应当确认投资者具备相应股票或资金，并按照投资者委托的时间先后顺序向“新三板”系统申报。买卖股票的申报数量应当为1000股或其整数倍。卖出股票时，余额不足1000股部分，应当一次性申报卖出。股票转让的计价单位为“每股价格”。股票转让的申报价格最小变动单位为0.01元人民币。股票转让单笔申报最大数量不得超过100万股，协议转让除外。①

申报当日有效。投资者可以撤销委托申报的未成交部分。

按照接受投资者委托的时间先后顺序，主办券商通过报盘系统及时向“新三板”系统交易主机发送买卖申报指令。买卖申报经交易主机撮合成交后，转让即告成立。按规定达成的交易于成立时生效，交易记录由全国股转公司发送至主办券商。

按规定达成的交易，买卖双方必须承认交易结果，履行清算交收义务。中国结算公司作为共同对手方，为股票转让提供清算和多边净额担保交收服务；或不作为共同对手方，提供其他清算、交收等服务。

投资者当日买入的股票，买入当日不得卖出②。做市商在做市报价过程中买入股票，买入当日可以卖出。

卖出股票后获得的资金当天可用于购买证券类资产，但不可取现。做市商买入的其担任做市商的挂牌公司股票，买入当日可以卖出。

投资者可以以同一证券账户在单个或多个主办券商的不同证券营业部买入股票。投资者买入的股票可以通过原买入股票的交易单元委托卖出，也可以向原买入股票的交易单元发出转托管指令，转托管完成后，再转入的交易单元委托卖出。③

---

① 全国股份转让系统公司可以根据市场需要，调整股票单笔买卖申报数量、申报价格的最小变动单位和单笔申报最大数量。

② 全国股转公司另有规定的除外。

③ 转托管的具体规定，由中国结算公司制定。

为更好地满足投资者转让需求，方便投资者发布转让意向信息，降低转让意向信息搜寻成本，维护市场秩序，“新三板”还设立了转让意向平台。2016 年 3 月 18 日，《全国中小企业股份转让系统转让意向平台管理规定（试行）》发布实施，同时，“新三板”转让意向平台正式上线运行。投资者参与“新三板”证券品种的转让，可以通过转让意向平台浏览、查询和发布转让意向信息。转让意向信息包括证券代码、买卖方向、买卖价格、买卖数量、联系人、联系方式、有效期等内容。

二、定向发行股票①

“新三板”的挂牌公司属于股份有限公司，股份有限公司的股份采取股票的形式存在。股票是公司签发的证明股东所持股份的凭证。发行股票，也称发行股份，同次发行同种类的股票，每股应当具有同等权利，每股的发行条件和价格应当相同，任何单位或者个人所认购的股份，每股应当支付相同价额。股票的发行价格可以按票面金额，也可以超过票面金额，但不得低于票面金额②。

根据股票发行对象的不同，可以将其分为非公开发行与公开发行。

根据《上市公司证券发行管理办法》（2008 年 10 月 9 日修改），上市公司采用非公开方式，向特定对象发行股票的行为。上市公司向符合条件的少数特定投资者非公开发行股份，要求发行对象不得超过 10 人，发行价

① 根据《中华人民共和国公司法》（2013 年第三次修正）、《非上市公众公司监督管理办法》（2013 年 12 月 26 日修订）、《全国中小企业股份转让系统业务规则（试行）》（2013 年 12 月 30 日修改）、《全国中小企业股份转让系统股票发行业务细则（试行）》（2013 年 12 月 30 日发布）等文件中的相关内容编写。

② 股份有限公司在所发行的股票票面上标明的票面金额，它以“元/股”为单位，其作用是用来表明每一张股票所包含的资本数额，表明股票的认购者在股份公司的投资中所占的比例。也称“票面面值”“票面价格”。

不得低于公告前20个交易日市价均价的90%。非公开发行的股份自发行结束之日起，十二个月内不得转让；控股股东、实际控制人及其控制的企业认购的股份，三十六个月内不得转让[①]。

《国务院关于中小企业股份转让系统有关问题的决定》中提出，境内符合条件的股份有限公司均可以通过主办券商申请在“新三板”挂牌，公开转让股份，进行股权融资、债权融资、资产重组等。挂牌公司依法纳入非上市公众公司监管，股东人数可以超过200人。股东人数未超过200人的股份分公司申请在“新三板”挂牌，证监会豁免核准。挂牌公司向特定对象发行证券，且发行后证券持有人累计不超过200人的，证监会豁免核准。

公司在“新三板”上挂牌和在证券交易所上市具有显著的差别，挂牌公司在“新三板”上不允许公开发行股票，只允许采用非公开发行的方式。在“新三板”上发行股票也称定向发行股票，是指向符合适当性管理要求的投资者发行股票的行为。

公司在“新三板”申请挂牌时就可以申请进行定向发行股票。全国股转公司认为，允许挂牌公司在挂牌时进行定向股权融资，可以有效增加了挂牌后的股票供给，例如可以解决未来做市商的股票库存需求。

挂牌公司确定发行股票的投资者时，除公司现有股东以外，每次定行发行股票的投资者人数合计不得超过35名。其中的投资者包括公司的董事、监事、高级管理人员、核心员工，还包括符合投资者适当性管理的自然人投资者、法人投资者和其他经济组织。

虽然定向发行属于非公开发行的范畴，但中国证监会特别授权挂牌公

① 由于中国A股市场中的中小投资者比重较多，非公开发行股票过程中存在着大股东通过低定价和注入不相关资产的现象，损害了中小投资者的利益。非公开发行股票的转售除了设置锁定期以外，还应该考虑限制转售对象等措施。例如非公开发行的股票的转售对象限定为专业投资机构。

司定向发行时可以采用询价方式进行发行，挂牌公司和主办券商可以进行路演，并按照股票发行方案中确定的发行对象范围，向符合适当性管理规定的特定对象发送认购邀请书。

挂牌公司及主办券商在认购邀请书约定的时间内接收询价对象的申购报价。发行价格没有法律上硬性规定，即使采取定价发行方式的，发行价格也多为挂牌公司和特定对象提前沟通协商确定。

挂牌公司应当对投资者的身份进行确定，有充分理由确信其符合法律法规和公司的相关规定。公司应当与投资者签订包含风险揭示条款的认购协议。

目前，“新三板”对挂牌公司发行股票的数量并没有法规上硬性要求。挂牌公司可以根据资金需求量、发行价格、发行后持股比例等合理确定发行数量。

挂牌公司拟连续发行股票的，应当在前一次股票发行的新增股份登记手续完成后，才能召开董事会审议下一次股票发行方案。也就是说挂牌公司前一次股票发行新增股份没有登记完成前，不得启动下一次股票发行的董事会决策程序。

根据发行前的股东人数以及发行结束后的股东人数，可以区分为两种情况。

（一）向特定对象发行股票导致股东累计超过200人，或者股东人数超过200人的情形

公司董事会应当依法对本次股票发行的具体方案做出决议，并提请股东大会批准，股东大会决议必须经出席会议的股东所持表决权的2/3以上通过。申请向特定对象发行股票导致股东累计超过200人的股份有限公司，董事会和股东大会决议中还应当包括：

（1）按照中国证监会的相关规定修改公司章程；

（2）按照法律、行政法规和公司章程的规定建立健全公司治理机制；

（3）履行信息披露义务，按照相关规定披露定向发行说明书、发行情况报告书、年度报告、半年度报告及其他信息披露内容。

公司按照中国证监会有关规定制作定向发行的申请文件，申请文件应当包括：

（1）定向发行说明书；

（2）律师事务所出具的法律意见书；

（3）具有证券期货相关业务资格的会计师事务所出具的审计报告；

（4）主办券商出具的推荐文件等。

公司持申请文件向中国证监会申请核准。中国证监会受理申请文件后，依法对公司治理和信息披露以及发行对象情况进行审核，在20个工作日内做出核准、中止审核、终止审核、不予核准的决定。

公司申请定向发行股票，允许储架发行，可申请一次核准，分期发行。自中国证监会予以核准之日起，公司应当在3个月内首期发行，剩余数量应当在12个月内发行完毕。首期发行数量应当不少于总发行数量的50%，剩余各期发行的数量由公司自行确定，每期发行后5个工作日内将发行情况报中国证监会备案。超过核准文件限定的有效期未发行的，须重新经中国证监会核准后方可发行。

股票发行结束后，公司应当按照中国证监会的有关要求编制并披露发行情况报告书。申请分期发行的公司应在每期发行后按照中国证监会的有关要求进行披露，并在全部发行结束或者超过核准文件有效期后按照中国证监会的有关要求编制并披露发行情况报告书。

（二）挂牌公司向特定对象发行股票后股东累计不超过200人的情形

公司董事会就本次股票发行有关事项做出决议，确定具体发行对象的，董事会决议应当明确具体发行对象（是否为关联方）及其认购价格、认购数量或数量上限、现有股东优先认购办法①等事项。认购办法中应当明确现有股东放弃优先认购股票份额的认购安排。已确定的发行对象（现有股东除外）与公司签署的附生效条件的股票认购合同应当经董事会批准。

董事会决议未确定具体发行对象的，董事会决议应当明确发行对象的范围、发行价格区间、发行价格确定办法、发行数量上限、现有股东优先认购办法等事项。

发行对象用非现金资产认购发行股票的②，董事会决议应当明确交易对手（应当说明是否为关联方）、标的资产、作价原则及审计、评估等事项。

董事会决议确定具体发行对象的，挂牌公司应当与相关发行对象签订附生效条件的股票认购合同。认购合同中应当载明该发行对象拟认购股票的数量或数量区间、认购价格、限售期，同时约定本次发行经公司董事会、股东大会批准后，该合同即生效。

挂牌公司股东大会应当就股票发行方案等事项做出决议。

挂牌公司及主办券商可以向包括挂牌公司股东、主办券商经纪业务客

---

① 《全国中小企业股份转让系统股票发行业务细则（试行）》中第八条规定，挂牌公司股票发行以现金认购的，公司现有股东在同等条件下对发行的股票有权优先认购。每一股东可优先认购的股份数量上限为股权登记日其在公司的持股比例与本次发行股份数量上限的乘积。这种越俎代庖的规定或许是一种政策关怀，为了避免挂牌公司发行新股造成实际控制人发生变化。

② 《全国中小企业股份转让系统股票发行业务细则（试行）》中第十条规定，发行对象可用现金或者非现金资产认购发行股票。这意味着“新三板”允许在一次非公开发行的股票中，发行对象可用现金、非现金资产，以及同时以非现金资产和现金认购发行股票。

户、机构投资者、集合信托计划、证券投资基金、证券公司资产管理计划以及其他个人投资者在内的询价对象进行询价，询价对象应当符合投资者适当性的规定。

确定发行对象后，挂牌公司应当与发行对象签订正式股票认购合同，发行对象应当按照合同约定缴款。挂牌公司应当在股票发行认购结束后及时办理验资手续，验资报告应当由具有证券、期货相关业务资格的会计师事务所出具。验资完成后十个转让日内，按照规定向全国股转公司报送材料，全国股转公司对材料进行审查，并根据审查结果出具股份登记函。

由于目前“新三板”无公开发行的股票，因此，挂牌交易的股票均不受《公司法》中“公司公开发行股份前已发行的股份，自公司股票在证券交易所上市交易之日起一年内不得转让”的限制。完成股份登记后，本次发行的股票中若无限售条件和无锁定承诺的，均可以按照挂牌转让公告中安排的时间在“新三板”上公开转让。

新股定向发行结束后，按照中国证监会的有关要求，编制并披露发行情况报告书。主办券商和律师事务所应当在尽职调查基础上，分别对本次股票发行出具书面意见。

三、定向发行优先股[①]

优先股是指依照《公司法》设置的，在一般规定的普通种类股份之外，另行规定的其他种类的股份。优先股持有人可以优先于普通股股东分配公司利润和剩余财产，但参与公司决策管理等诸多权利受到限制。某种意义上，优先股更像一种特殊的债券，它享有相对固定的股息分配，不同的是，发行优先股没有到期还本的压力。条件适当时，优先股还可以转为普通股。

相同条款的优先股具有同等权利。同次发行的相同条款的优先股，每股的发行条件、价格和票面股息率相同，任何单位或个人前来认购股份，应当每股支付相同价额。

优先股股东有权查阅公司章程、股东名册、公司债券存根、股东大会会议记录、董事会会议决议、财务会计报告等。

优先股股东按照约定的票面股息率，优先于普通股股东分配公司利润

① 根据《国务院关于开展优先股试点的指导意见》（2013 年 11 月 30 日）、《优先股试点管理办法》（2014 年 3 月 21 日发布）、《全国中小企业股份转让系统优先股业务指引（试行）》（2015 年 9 月 21 日发布）的相关内容编写。

公司应当以现金的形式向优先股股东支付股息，在完全支付约定的股息前，不得向普通股股东分配利润。

公司因解散、破产等原因进行清算时，在按照《公司法》和《企业破产法》有关规定进行清偿后的剩余公司财产，应优先向优先股股东支付未派发的股息以及《公司章程》中约定的清算金额；不足以支付的，按照优先股股东持股比例分配。普通股东虽然有权分得公司剩余资产，但普通股东必须在公司的债权人、优先股股东之后才能分得财产。

优先股股东在享受分配利润和清算公司资产方面享有优先权，与之相对应的是优先股股东在表决权方面受到明显的限制。例如，除以下情况外，优先股股东不出席股东大会会议，所持股份没有表决权：

（1）修改公司章程中有与优先股相关的内容；

（2）一次或累计减少公司注册资本超过 10%；

（3）公司合并、分立、解散或变更公司形式；

（4）发行优先股；

（5）公司章程规定的其他情形。

上述事项的决议，除须经出席会议的普通股股东（含表决权恢复的优先股股东）所持表决权的 2/3 以上通过之外，还须经出席会议的优先股股东（不含表决权恢复的优先股股东）所持表决权的 2/3 以上通过。

一般的，公司累计 3 个会计年度或连续 2 个会计年度未按约定支付优先股股息的情况下，优先股股东有权出席股东大会，每股优先股股份享有公司章程规定的表决权。这里还可以区分两种情况：

（1）对于股息可累积到下一会计年度的优先股，表决权恢复直至公司全额支付所欠股息；

（2）对于股息不可累积的优先股，表决权恢复直至公司全额支付当年股息。另外，公司章程可规定优先股表决权恢复的其他情形。

按《国务院关于开展优先股试点的指导意见》（以下简称《指导意见》）中的规定，公开发行优先股的发行人限于证监会规定的上市公司，非公开发行优先股的发行人限于上市公司（含注册地在境内的境外上市公司）和非上市公众公司①。

挂牌公司存在下列情形之一的，不得发行优先股：

（1）本次发行申请文件有虚假记载、误导性陈述或重大遗漏；

（2）最近12个月内受到过中国证监会的行政处罚；

（3）因涉嫌犯罪正被司法机关立案侦查或涉嫌违法违规正被中国证监会立案调查；

（4）发行人的权益被控股股东或实际控制人严重损害且尚未消除；

（5）发行人及其附属公司违规对外提供担保且尚未解除；

（6）存在可能严重影响公司持续经营的担保、诉讼、仲裁、市场重大质疑或其他重大事项；

（7）其董事和高级管理人员不符合法律、行政法规和规章规定的任职资格；

（8）严重损害投资者合法权益和社会公共利益的其他情形。

目前，不允许发行在股息分配和剩余财产分配上具有不同优先顺序的优先股，但允许发行在其他条款上具有不同设置的优先股。例如同一公司既发行强制分红优先股，又发行不含强制分红条款优先股的，不属于发行在股息分配上具有不同优先顺序的优先股。

《公司章程》中规定优先股采用固定股息率的，可以在优先股存续期内采取相同的固定股息率，或明确每年的固定股息率，各年度的股息率可

---

① 严格意义上说，挂牌公司属于非上市公众公司，而申请挂牌公司并不一定属于非上市公众公司，不能成为优先股的发行人。申请挂牌公司正式成为挂牌公司以后，才可以成为优先股的发行人。

以不同；《公司章程》中规定优先股采用浮动股息率的，应当明确优先股存续期内票面股息率的计算方法。

优先股每股票面金额为100元。优先股发行价格和票面股息率应当公允、合理，不得损害普通股股东或其他利益相关方的合法利益，发行价格不得低于优先股票面金额。非公开发行优先股的票面股息率不得高于最近2个会计年度的年均加权平均净资产收益率。

已发行的优先股不得超过公司普通股股份总数的50%，且筹资金额不得超过发行前净资产的50%，已回购、转换的优先股不纳入计算。每次优先股发行完毕前，不得再次发行优先股。除商业银行以外，不得发行可转换为普通股的优先股。

经中国证监会核准定向发行优先股的非上市公众公司、注册在境内的境外上市公司，其优先股拟在“新三板”上进行转让的，应当在中国证监会核准并完成发行后，向全国股转公司办理优先股挂牌手续。普通股股东人数与优先股股东人数合并累计不超过200人[①]的挂牌公司，按照有关规定发行优先股的，应当全国股转公司履行备案程序。

发行对象可以用现金或非现金资产认购发行的优先股。发行对象以非现金资产认购优先股的，应当按照《全国中小企业股份转让系统股票发行业务细则（试行）》的相关规定，履行相应的程序和信息披露义务。

发行人必须修改《公司章程》，以明确优先股股东参与利润和剩余财产分配、优先股股东的表决权限制与恢复等事项的，发行人董事会应就修改公司章程和发行优先股一并做出决议，并提交股东大会审议。

普通股股东人数与优先股股东人数合并累计不超过200人的挂牌公司，

① “普通股股东人数与优先股股东人数合并累计不超过200人”是指挂牌公司董事会确定的，审议本次优先股发行的股东大会的股权登记日在册的普通股股东人数和优先股股东人数，与本次发行的优先股股东人数合并累计之和不超过200人。

其优先股的发行、备案等程序参照《全国中小企业股份转让系统股票发行业务细则（试行）》的相关规定办理。发行人应当在验资完成后的10个转让日内，编制和报送备案材料，全国股转公司对备案材料进行审查后，根据审查结果出具优先股登记函。

经中国证监会核准发行优先股的非上市公众公司、注册在境内的境外上市公司，其优先股申请在“新三板”进行公开转让的，应当在验资完成后的10个转让日内，向全国股转公司办理优先股挂牌手续。

优先股的登记、存管和结算等相关业务，按中国结算公司的业务规则办理。境内注册的境外上市公司、非上市公众公司非公开发行的优先股可以在“新三板”挂牌公开转让，转让环节的投资者适当性标准应当与发行环节一致。

自《全国中小企业股份转让系统优先股业务指引（试行）》发布实施后，中视文化①成为首家完成优先股发行的挂牌公司。根据2015年12月10日中视文化披露的《优先股发行预案（更正后）》，本次非公开发行的优先股的种类为固定股息率、可累积、非参与、设回售及赎回条款、不可转换的优先股。发行量不超过10万股（含10万股），预计募集资金不超过1000万元，所募集资金将在扣除发行费用后，全部用于儋州中视国际影城（夏日店）的建设及补充一般流动资金。中视文化设定的每股票面金额为100元，拟按票面金额平价发行，票面股息率为4%。本次优先股的股息率不高于发行前最近两个会计年度的年均加权平均净资产收益率。

① 海南中视文化传播股份有限公司，证券代码430508。

四、非公开发行可转换公司债券①

2017年7月4日，中国证监会发布了《中国证监会关于开展创新创业公司债券试点的指导意见》（以下简称《指导意见》），明确符合条件的创新创业公司、创业投资公司（以下简称发行人）依照法定程序非公开发行的公司债，允许附可转换成股份的条款。可转换公司债券应当符合中国证监会相关监管规定，债券持有人行使债券转股权后，发行人股东人数不得超过200人。"新三板"挂牌公司发行的附可转换成股份条款的创新创业公司债转换成挂牌公司股份时，减免股份登记费用及转换手续费。

创新创业公司是指从事高新技术产品研发、生产和服务，或者具有创新业态、创新商业模式的中小型公司。创新创业公司发行创新创业公司债，应当就本公司创新创业特征作专项披露。债券承销机构应当依据相关政策规范性文件进行审慎筛查，就发行人是否具有创新创业特征发表明确意见。

① 根据中国证监会2014年11月15日审议通过的《公司债券发行与交易管理办法》（2015年1月15日发布并实施）、《中国证监会关于开展创新创业公司债券试点的指导意见》（2017年7月4日发布并实施）、《创新创业公司非公开发行可转换公司债券业务实施细则（试行）》（2017年9月22日发布）的相关内容编写。

创业投资公司是指符合《私募投资基金监督管理暂行办法》、《创业投资企业管理暂行办法》等有关规定，向创新创业企业进行股权投资的公司制创业投资基金和创业投资基金管理机构。发行创新创业公司债募集的资金应专项投资于种子期、初创期、成长期的创新创业公司的股权。

2017 年 9 月 22 日，深圳证券交易所、全国股转公司、中国结算公司联合发布《创新创业公司非公开发行可转换公司债券业务实施细则（试行)》（以下简称《实施细则》)，该《实施细则》根据《指导意见》的规定：

（一）明确非公开发行可转换公司债券业务主体及适用范围

发行人符合《指导意见》规定的创新创业公司、创新投资公司，可转换债券可以申请在深交所转让，发行人应该向深交所提交转让申请文件，由深交所确认是否符合条件。

发行人属于“新三板”挂牌公司的，还应当属于创新层①。

（二）明确非公开发行的具体方式

（1）发行可转换债券并申请在深交所转让的，应当由董事会作出决议，并提交股东大会审议。股东大会做出决议应当经出席会议的股东所持表决权的 2/3 以上通过。董事会、股东大会决议内容除符合非公开发行公司债券的一般性要求外，还应当包括以下事项：

①转股期及转股申报期安排；

②可转换债券转换为每股股份价格的确定和修正安排；

---

① 《实施细则》中的第四条的原文：“发行人为全国中小企业股份转让系统（以下简称全国股转系统）挂牌公司的，可转换债券发行时，应当属于创新层公司。深交所确认其是否符合转让条件时，向全国股转公司征询意见”。这一条款并不符合国务院及中国证监会有关文件的精神。

③向原股东的配售安排；

④无法转股的情形及利益补偿安排；

⑤其他按照法律法规及公司章程规定需要明确的事项。

发行人为挂牌公司的，还应当按照《全国中小企业股份转让系统挂牌公司信息披露细则（试行）》的规定披露董事会决议及股东大会决议。

（2）可转换债券募集说明书除满足深交所非公开发行公司债券的相关规定外，还应当载明以下事项：

①发行人现有股东人数、前十大股东及其持股比例，以及未到期可转换债券的余额、期限和债券持有人等情况；

②转股价格及其确定方式；

③转股价格调整的原则及方式。因增资、送股、派息、分立及其他原因引起发行人股份变动的，应当同时调整转股价格；

④可转换债券转股时不足转换成一股的补偿方式；

⑤转股期及转股申报期安排；

⑥债券持有人及时掌握发行人股东人数及变化的信息披露安排；

⑦出现因股东人数超过200人等导致债券持有人无法转股及发行人拟申报首次公开发行股票等情形时，发行人对债券持有人的利益补偿安排，包括但不限于补偿措施触发情形及时点、补偿程序、补偿方式及具体安排等内容；

⑧契约条款的内容（如有）；

⑨深交所规定的其他内容。

发行人为“新三板”挂牌公司的，募集说明书中约定的转股条款、募集资金用途等，应当符合全国股转公司关于股票发行的相关监管要求。

（三）明确了各方机构的职责分工

可转换债券申请在深交所转让的，发行人应当在可转换债券发行前按照相关规定向深交所提交转让申请文件，由深交所确认是否符合转让条件。

深交所为可转换债券提供转让及信息披露服务。可转换债券在深交所转让，不表明深交所对发行人的经营风险、偿债风险、诉讼风险以及该债券的投资风险或收益等作出判断或者保证。可转换债券的投资风险，由投资者自行判断和承担。

发行人属于“新三板”挂牌公司的，深交所确认其是否符合挂牌转让条件时，会首先征询全国股转公司意见。

发行人及其控股股东、实际控制人应当诚实守信，发行人的董事、监事、高级管理人员以及相关中介机构应当勤勉尽责，按照规定和约定履行义务，及时办理转股等事宜，维护债券持有人权利。

（四）明确了转股流程

创新创业可转债发行六个月后可进行转股，每 3 个月可设置一次转股申报期，转股申报期不得少于 5 个交易日，不得多于 10 个交易日。

可转换债券转股后股东人数不得超过 200 人。申报转股时，发行人股东人数超过 200 人的，债券持有人均不得申报转股。

转股申报期内，申请转股的债券持有人加上现有股东人数超过 200 人的，按转股申报的时间先后顺序进行部分转股，超过 200 人部分的转股申报不进行转股。债券持有人为发行人现有股东的，不受转股申报的时间先后顺序影响，按《实施细则》规定的程序予以转股。

发行人申请转股时为挂牌公司的，应当委托主办券商代为办理转股业务。委托代理的权利义务等内容应当通过书面协议予以明确。

发行人为“新三板”挂牌公司的，如发生股票暂停转让情形的，应当同时向深交所申请可转换债券停牌；如发生股票恢复转让情形的，应当同时向深交所申请可转换债券复牌。

《实施细则》公布并实施以后，首批创新创业公司非公开发行可转换债券在“新三板”已经落地。2017 年 10 月 13 日，华福证券向深交所申报的蓝天环保①非公开发行创新创业可转换公司债券项目获批。根据蓝天环保 10 月 16 日公开披露的《关于非公开发行创新创业可转换公司债券（第一期）发行结果的公告》，本次非公开发行创新创业可转换公司债券为分期发行，第一期发行 2000 万元，已经完成第一期发行工作，公司已经收到投资者汇入指定账户的发行款额，债券将按规定完成备案后在深交所挂牌。

深交所相关负责人表示：转股条款的设置，一方面丰富了中小企业融资方式，降低了发行人的融资成本，另一方面保障了投资机构根据与发行人签订的业绩承诺等契约条款进行转股的合法权益。转股条款的设置也将增强非公开发行公司债券的市场吸引力，有效促进创新创业公司资本形成机制的创新。②

据业内专家介绍，由于发行门槛高，可转债在我国资本市场较为稀缺，此前仅有上市公司有可转债品种。截至 2017 年 10 月 12 日，市场上共有可转债 20 只，规模 675 亿元，规模仅占公司债的 1.4%，且发行主体均为上市公司。创新创业可转债是私募可转债，主要服务于高新技术企业、创新创业公司，以中小企业居多，股债结合可以降低企业的发行成本，因此可以契合创新创业公司的需求。③

---

① 北京蓝天瑞德环保技术股份有限公司，证券代码 430263。

② 《中小企业融资渠道再扩容“双创”公司可转债细则实施》，记者：姜楠、朱宝琛，中国经济网，2017 年 9 月 23 日。http：//news. china. com/finance/11155042/20170923/31506337. html

③ 《首批创新创业公司非公开发行可转债落地》，记者：余芯、王都鹏，新华社中国金融信息网，2017 年 10 月 17 日。http：//stock. xinhua08. com/a/20171017/1730611. shtml？ f = topnav

五、并购重组[①]

一个拎公文包的律师抵得上一千个拿枪的打手。

资本市场的灵魂并非在于竞争，而在于追求垄断，因为只有垄断才能实现资本对超额利润的追求。在资本市场上追求垄断最基本的工具就是并购重组。所谓的并购重组是指在市场机制作用下，公司为了获得其他公司的控制权而进行的产权交易活动，其结果是两个以上公司的合并，组建新公司或相互参股。

“新三板”市场经过快速发展，目前挂牌公司数量已达到 11600 余家。“新三板”挂牌公司行业种类多，资产数量大，所蕴含的收购重组的机会自然比较多。监管部门宜鼓励挂牌公司在宽松的市场环境下并购重组，优势互补、强强联合，提高综合实力，实现规模化经营。

---

① 根据《非上市公众公司收购管理办法》（2014 年 6 月 23 日发布并实施）、《非上市公众公司重大资产重组管理方法》（自 2014 年 6 月 23 日公布，自 2014 年 7 月 23 日施行）、《全国中小企业股份转让系统非上市公众公司重大资产重组业务指引（试行）》（2014 年 7 月 25 日发布并实施）的相关内容编写。

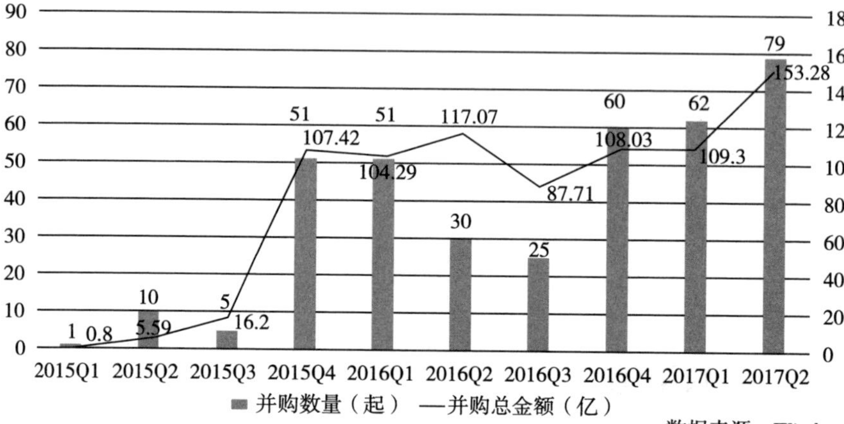

数据来源：Wind

据统计，2017 年第二季度期间，“新三板”上重大资产并购重组交易高达 79 起，涉及总金额为 153.28 亿，并购数量比 2017 年第一季度的 62 起增长 27.4%。并购方向上，第二季度有 23 起交易是发起并购，有 56 起交易是被并购。其中，上市公司并购新三板公司案例有 12 起，与 2017 年第一季度的 12 起持平。从大趋势上看，不难发现“新三板”市场上，并购重组交易已进入高速增长期。①

收购人及其一致行动人（以下统称收购人）可以通过取得股份的方式成为公众公司的控股股东，还可以通过投资关系、协议、其他安排的途径成为公众公司的实际控制人，也可以同时采取上述方式和途径取得公众公司控制权。

收购人进行公众公司的收购，应该具有良好的诚信记录，根据《非上市公众公司收购管理办法》，有下列情形之一的，不得收购公众公司：

（1）收购人负有数额较大债务，到期未清偿，且处于持续状态；

（2）收购人最近 2 年有重大违法行为或者涉嫌有重大违法行为；

① 《新三板市场并购重组现状及发展趋势》，作者：张奥平、罗筱林，来源：清华金融评论，中国财经新闻网，2017 年 11 月 6 日。http：//www. prcfe. com/finance/2017/1106/206397. html

（3）收购人最近2年有严重的证券市场失信行为；

（4）收购人为自然人的，存在《公司法》第一百四十六条规定的情形；

（5）法律、行政法规规定以及中国证监会认定的不得收购公众公司的其他情形。

一般情况下，收购人未按照规定聘请具有财务顾问业务资格的专业机构担任财务顾问，不得收购公众公司。①

收购人聘请的财务顾问应当对收购人进行辅导，帮助收购人全面评估被收购公司的财务和经营状况；对收购人的相关情况进行尽职调查，对收购人披露的文件进行充分核查和验证；对收购事项客观、公正地发表专业意见，并保证其所制作、出具文件的真实性、准确性和完整性。在收购人公告被收购公司收购报告书至收购完成后12个月内，财务顾问应当持续督导收购人遵守法律、行政法规、中国证监会、全国股转公司的相关规则以及公司章程，依法行使股东权利，切实履行承诺或者相关约定。

按照相关规定进行公众公司收购后，收购人成为公司第一大股东或者实际控制人的，收购人持有的被收购公司股份，在收购完成后12个月内不得转让。②

收购人可以采用现金、证券、现金与证券相结合等合法方式支付收购公众公司的价款。收购人聘请的财务顾问应当向监管机构说明收购人具备要约收购的能力。

特别的，被收购对象是挂牌公司，收购人获得的股份累计达到被收购

① 通过国有股行政划转或者变更、因继承取得股份、股份在同一实际控制人控制的不同主体之间进行转让、取得公众公司向其发行的新股、司法判决导致收购人成为或拟成为公众公司第一大股东或者实际控制人的情形除外。

② 收购人在被收购公司中拥有权益的股份在同一实际控制人控制的不同主体之间进行转让不受前述12个月的限制。

挂牌公司发行股份的10%后，股份变动导致其拥有权益的股份占挂牌公司已发行股份的比例达到5%的整数倍时，应当披露权益变动报告书。

所谓的重大资产重组是指非上市公众公司及其控股或者控制的公司（以下统称公众公司）在日常经营活动之外购买、出售资产或者通过其他方式进行资产交易，导致公众公司的业务、资产发生重大变化的资产交易行为。

公司重大资产重组的判断标准，适用于以下的规定：

（1）购买、出售的资产总额占公众公司最近一个会计年度经审计的合并财务会计报表期末资产总额的比例达到50%以上；

（2）购买、出售的资产净额占公众公司最近一个会计年度经审计的合并财务会计报表期末净资产额的比例达到50%以上，且购买、出售的资产总额占公众公司最近一个会计年度经审计的合并财务会计报表期末资产总额的比例达到30%以上。

公众公司购买、出售资产，达到上述标准之一的，即构成重大资产重组。

按中国证监会颁布的《非上市公众公司重大重组管理办法》的相关规定，公众公司实施重大资产重组，还应当符合下列要求：

（1）重大资产重组所涉及的资产定价公允，不存在损害公众公司和股东合法权益的情形；

（2）重大资产重组所涉及的资产权属清晰，资产过户或者转移不存在法律障碍，相关债权债务处理合法；所购买的资产，应当为权属清晰的经营性资产；

（3）实施重大资产重组后有利于提高公众公司资产质量和增强持续经营能力，不存在可能导致公众公司重组后主要资产为现金或者无具体经营业务的情形；

（4）实施重大资产重组后有利于公众公司形成或者保持健全有效的法人治理结构。

公众公司实施重大资产重组，应当聘请独立财务顾问、律师事务所以及具有证券、期货相关业务资格的会计师事务所等证券服务机构出具相关意见①。

根据相关规定，公众公司如存在尚未完成的重大资产重组事项，在前次重大资产重组实施完毕并披露实施情况报告书之前，不得筹划新的重大资产重组事项，也不得因重大资产重组申请暂停转让。

公众公司如存在尚未完成的证券发行，在前次证券发行完成新增证券登记前，不得筹划重大资产重组事项，也不得因重大资产重组申请暂停转让。除发行股份购买资产构成重大资产重组并募集配套资金的情况外，在前次重大资产重组实施完毕并披露实施情况报告书前，不得在重组实施期间启动证券发行程序。

公众公司披露重大资产重组预案或重大资产重组报告书后，因自愿选择终止重组、独立财务顾问或律师对异常转让无法发表意见或认为存在内幕交易且不符合恢复重大资产重组进程要求等原因终止本次重大资产重组的，应当及时披露关于终止重大资产重组的临时公告，并同时在公告中承诺自公告之日起至少 3 个月内不再筹划重大资产重组。

中国证监会依法要求终止重大资产重组进程的，公众公司应当及时披露关于重大资产重组被要求终止的临时公告，并同时在公告中承诺自公告之日起至少 12 个月内不再筹划重大资产重组。

随着中国经济的转型升级，多层次资本市场体系建设的不断完善，新

① 《非上市公众公司重大重组管理办法》第六条中规定："公众公司应当聘请为其提供督导服务的主办券商为独立财务顾问，但存在影响独立性、财务顾问业务受到限制等不宜担任独立财务顾问情形的除外。"

三板市场发生并购重组的事件将层出不穷。挂牌公司无论是在追求超额利润还是谋求外延式发展，无论被动地被上市公司收购还是主动地去收购优质资产都契合了目前“新三板”市场资本存量不断扩大并持续优化的趋势。

目前，上市公司并购挂牌公司的案例数呈现成倍增长趋势。

根据 Choice 数据统计，截至 10 月 24 日，2017 年首次披露的上市公司并购“新三板”挂牌公司宗数共 117 起，交易规模达 461.74 亿元，已超过 2016 年全年规模。其中，第三季度并购案例宗数、交易金额分别达到 52 起、186 亿元，并购规模创新高。

例如：“新三板”挂牌公司有棵树①通过被收购的方式实现了资本突破。天泽信息②拟通过发行股份和支付现金的方式购买有棵树 99.9991% 股权，为获取有棵树的股权，天泽信息支付的交易总金额为 339997.06 万元。其中，以发行 12950.32 万股股份的方式支付的交易对价为 297857.47 万元；以支付现金的方式支付的交易对价 42139.59 万元。

今后，挂牌公司收购上市公司将成为其借壳上市的重要方式。

关于“新三板”并购重组的案例不会局限于上市公司收购挂牌公司，挂牌公司收购上市公司的情况也将会不断发生。挂牌公司借壳上市公司后，其资本运营的能力将得到极大地改善。

2015 年 5 月 5 日，九鼎集团（证券代码 430719）以 41.5 亿元拍得江西中江集团有限责任公司 100% 的股权，通过中江集团间接持有上市公司中江地产（证券代码 600053）72.37% 的股权，成为首家控股主板上市公司的挂牌公司。九鼎集团控股中江地产后，又与其签订了《重大资产重组

---

① 深圳市有棵树科技股份有限公司，证券代码 836586。该公司于 2017 年 8 月 25 日向全国股转公司报送了终止挂牌的申请材料，已经获受理。

② 天泽信息产业股份有限公司，2011 年在深圳证券交易所创业板上市，证券代码 300209。

之框架协议》，将昆吾九鼎以现金出售方式注入中江地产，同时拟认购中江地产非公开发行股票，通过反收购的形式将 PE 业务注入到上市公司。

未来，挂牌公司之间的跨层并购有望成为新潮流。

2016 年 9 月 2 日，卡特股份①公告称，拟以 1.86 亿元对价收购合建重科② 99.97% 股权。公司拟以 7.20 元/股价格向交易对方发行 19588814 股股份支付交易对价 14103.94 万元，并以现金支付交易对价 4495.68 万元。本次交易完成后，公司将持有合建重科 99.97% 股权。

卡特股份恰好与合建重科在同一产业链，二者在产业资源上切合度极高，在客户资源、技术管理及生产管理方面具有较大的协同效应。通过此次战略重组，双方产品可以充分利用对方的客户资源，一起破除行业壁垒，实现净利润的共同提升，共同扩大市场。

---

① 武汉卡特工业股份有限公司，证券代码 830816。

② 浙江合建重工科技股份有限公司，证券代码 831147。该公司股票自 2016 年 12 月 16 日起在“新三板”终止挂牌。

CHAPTER 8

第八章　同心并力

如何实施股权激励计划

所谓的股权激励是指公司为充分发挥优秀人才的工作积极性、实现经营业绩稳定发展而对内部员工进行长期激励的一种手段，即通过某种方式使员工直接或间接持有股权，构造公司和员工的利益共同体。

“新三板”的市场定位是主要为创新型、创业型、成长型中小微企业发展提供直接融资服务。挂牌公司普遍规模较小，未来的发展主要依靠高级管理人员和核心技术人员的积极性和稳定性。

挂牌公司如何选择适合自身的股权激励方案是值得研究的课题。

一、相关法律和法规的规定

股权激励的本质是资本市场对人力资本价值的一种承认形式。

实施股权激励有利于公司长期经营、稳定发展，促进股东和经营者形成利益共同体，调动高管及核心员工积极性，在稳定员工队伍、完善内部治理机制等方面都具有积极的实施效果。

我国关于股权激励的制度环境建设进程相对迟缓。例如原《公司法》中禁止股份有限公司回购本公司股票（以注销为目的除外）并库存，原《证券法》甚至不允许公司高级管理人员转让本公司股权。

随着股权分置改革工作的顺利开展，资本市场环境逐步得以完善，上市公司的治理结构日益规范，市值管理的理念深入人心，《公司法》和《证券法》的相关修订也为上市公司实施股权激励计划扫除了障碍。在新《公司法》中规定，经股东大会决议，公司可以收购本公司股份，将股份奖励给本公司职工。收购本公司股份奖励给本公司职工的，不得超过本公司已发行股份总额的5%，用于收购的资金应当从税后利润中支出，并且所收购的股份应当在一年内转让给职工。

2005年底，中国证监会发布了《上市公司股权激励管理办法（试行)》(自 2006 年 1 月 1 日起施行),规定了上市公司实施股权激励计划的基本要求、实施程序和信息披露等内容。此后,根据股权激励监管的实际需要,中国证监会又陆续发布了三个股权激励相关事项备忘录和两个监管问答,进一步完善并公开了股权激励备案标准。

自 2013 年扩容以来,“新三板”对挂牌公司实施股权激励计划一直持着鼓励、支持和包容的态度。《全国中小企业股份转让系统业务规则(试行)》中明确规定,挂牌公司可以实施股权激励,具体办法另行规定。特别的,申请挂牌公司在其股票挂牌前实施限制性股权或股票期权等股权激励计划且尚未行权完毕的,只需要在公开转让说明书中详细披露股权激励计划等情况即可。

根据中国证监会的相关规定,原则上不允许拟挂牌公司通过工会代持、职工持股会代持、委托持股或信托持股等股份代持关系,或者通过“持股平台”间接持股的安排实现股权激励计划。若存在此类股权代持或者间接持股的,应当将代持股份还原至实际股东,将间接持股转换为直接持股,并依法履行相应的法律程序。

对经营者实行股权激励,曾被戏称为所有者给经营者戴上了“金手铐”,有利于经营者为公司发展作长期安排。对于 A 股上市公司及“新三板”挂牌公司而言,实施股权激励计划利大于弊,但也应该看到股权激励是一把双刃剑,现实有时也会发生事与愿违的极端情形。例如:在 A 股拟上市公司中实施股权激励计划,被激励对象有机会低价拿到股权,一旦公司成功上市,因为 A 股市场疯狂的炒新股现象以及估值整体偏高,被激励的高管往往会在既得利益面前把持不住,为了股票套现集体辞职的案例屡见不鲜。

在政策上,全国股转公司允许申请挂牌公司存在未行权完毕的股权激励计划,允许挂牌公司在合法合规的前提下自主决策实施股权激励计划,前提是必须如实充分地进行信息披露。例如:

（1）《全国中小企业股份转让系统挂牌公司信息披露细则（试行）》中规定，公司董事会就股权激励方案形成决议，应当自决议发生之日起两个转让日内进行披露。实行股权激励计划的挂牌公司，应当履行信息披露的义务。

（2）《非上市公众公司信息披露内容与格式准则第 1 号——公开转让说明书》（2013 年 12 月 26 日公布并实施）中规定，申请挂牌公司应当披露公司董事、监事及高级管理人员的薪酬和激励政策，包括但不限于基本年薪、绩效奖金、福利待遇、长期激励（包括股权激励）、是否从申请人关联企业领取报酬及其他情况。

（3）《全国中小企业股份转让系统公开转让说明书内容与格式指引（试行）》（2013 年 12 月 30 日修改）中规定，如果在挂牌前实施限制性股票或股票期权等股权激励计划且尚未行权完毕的，应披露股权激励计划内容及实施情况、对资本公积和各期利润的影响等。

目前，非上市公众公司实施股权激励还没有明确适用的法律规范，实务操作时，可适用或参考的上市公司相关的法律法规体系。

针对前期上市股权激励监管实践中暴露的问题，中国证监会对上市公司股权激励的相关规则进行调整和完善。2016 年 7 月 13 日，正式发布了《上市公司股权激励管理办法》[①]（以下称简称《管理办法》）。

新《管理办法》适用于以限制性股票[②]、股票期权[③]实行股权激励的情况，以法律、行政法规允许的其他方法实行股权激励的，可以参照执行。新《管理办法》以信息披露为中心，放松管制、加强监管，以适应市

① 此前发布的《上市公司股权激励管理办法（试行）》、备忘录、监管问答等将在《激励办法》发布后予以废止。

② 限制性股票是指激励对象按照股权激励计划规定的条件获得本公司股票，本部分股票的转让等部分权利受到限制。

③ 股票期权是指公司授予激励对象在未来一定期限内以预先确定的条件购买或者出售本公司一定数量股份的权利。

场发展的需要。

按《管理办法》的规定，上市公司实行股权激励，董事会应当依法对股权激励计划草案作出决议。按相关规定履行公示、公告程序后，董事会将股权激励计划提交股东大会审议。

上市公司具有下列情形之一的，不得实行股权激励：

（1）最近一个会计年度财务会计报告被注册会计师出具否定意见或者无法表示意见的审计报告；

（2）最近一个会计年度财务报告内部控制被注册会计师出具否定意见或无法表示意见的审计报告；

（3）上市后最近36个月内出现过未按法律法规、公司章程、公开承诺进行利润分配的情形；

（4）法律法规规定不得实行股权激励的；

（5）中国证监会认定的其他情形。

股权激励对象可以包括上市公司的董事、高级管理人员、核心技术人员或者核心业务人员，以及公司认为应当激励的对公司经营业绩和未来发展有直接影响的其他员工，但不应当包括独立董事和监事。在境内工作的外籍员工任职上市公司董事、高级管理人员、核心技术人员或者核心业务人员的，也可以成为激励对象。但是，单独或合计持有上市公司5%以上股份的股东或实际控制人及其配偶、父母、子女不得成为激励对象。

激励对象为董事、高级管理人员的，上市公司应当设立绩效考核指标作为激励对象行使权益的条件。绩效考核指标应当包括公司业绩指标和激励对象个人绩效指标。相关指标应当客观公开、清晰透明，符合公司的实际情况，有利于促进公司竞争力的提升。

拟实行股权激励的上市公司，可以选择下列方式提供标的股票来源：

（1）向激励对象发行股份；

（2）回购本公司股份；

（3）法律、行政法规允许的其他方式。

上市公司全部在有效期内的股权激励计划所涉及的标的股票总数累计不得超过公司股本总额的10%。非经股东大会特别决议批准，任何一名激励对象通过全部在有效期内的股权激励计划获授的本公司股票，累计不得超过公司股本总额的1%。

激励对象参与股权激励计划的资金来源应当合法合规，不得违反法律、行政法规及中国证监会的相关规定。上市公司不得为激励对象依股权激励计划获取有关权益提供贷款以及其他任何形式的财务资助，包括为其贷款提供担保。

上市公司在授予激励对象限制性股票时，应当确定授予价格或授予价格的确定方法。授予价格不得低于股票票面金额，且原则上不得低于下列价格较高者：

（1）股权激励计划草案公布前1个交易日的公司股票交易均价的50%；

（2）股权激励计划草案公布前20个交易日、60个交易日或者120个交易日的公司股票交易均价之一的50%。

上市公司采用其他方法确定限制性股票授予价格的，应当在股权激励计划中对定价依据及定价方式做出说明。

限制性股票授予日与首次解除限售日之间的间隔不得少于12个月。

上市公司在股东大会审议股权激励计划之前拟终止实施股权激励的，需经董事会审议通过。上市公司应当及时披露股东大会决议公告或董事会决议公告，并对终止实施股权激励的原因、股权激励已筹划及实施进展、终止实施股权激励对上市公司的可能影响等做出说明，并公开披露律师事务所意见。

二、股权激励的几种主要模式

目前，公司在“新三板”挂牌后实施股权激励计划的，大部分参照A股上市公司的相关法规制定具体方案。股权激励方案主要涉及激励载体是什么、激励对象是谁、用于激励的股票从哪里来以及激励对象如何退出等方面的问题。

（一）向激励对象定向发行股份

2014年12月26日，“新三板”挂牌公司麟龙股份[①]披露《股票发行方案》，拟向34名核心员工定向发行8万股，每股价格为10元/股，募资80万元用于补充流动资金。

公告称，麟龙股份认定吴建辉等34名员工为公司的核心员工，认定程序为：经公司第二届董事会第三次会议提名，向公司全体员工公示并征求意见，公司监事会发表明确意见，公司2015年度第一次临时股东大会审议。本次股票发行对象限定为34名核心员工。公司董事会已通过《公司

① 沈阳麟龙科技股份有限公司，证券代码：430515。目前，因首次公开发行股票并在创业板上市的申请获中国证监会受理，该公司股票于2016年12月26日起在新三板暂停转让。

在册股东无本次定向发行股份的优先认购权的议案》，并拟提请股东大会审议。根据此议案，公司原股东无本次定向发行股份的优先认购权。

本次发行的股票无限售安排。认购员工自愿承诺，自本次发行的股份在“新三板”完成备案之日起12个月内不进行转让。公告称，本次股票发行价格综合考虑了公司所处行业、成长性、市盈率及公司股份在“新三板”交易价格等多种因素，并与投资者沟通后最终确定。

显然，麟龙股份本次定向发行股权属于直接向激励对象发行股份的股权激励方案。参照中国证监会颁布的《管理办法》的规定，股权激励计划所涉及的标的股票总数累计不得超过公司股本总额的10%。非经股东大会特别决议批准，任何一名激励对象通过全部在有效期内的股权激励计划获授的本公司股票，累计不得超过公司股本总额的1%。按股票发行前的总股本11260,000股计算，完全符合相关要求。

在确定定向发行股票的价格的问题上，显示出“新三板”在市场监管上的灵活性。期间，麟龙股份以做市方式在“新三板”公开转让，按麟龙股份当时的做市股价当时为60元/股①。

当定向发行的股票价格低于公司股票的公允价格时，可以理解为公司以权益结算的股份支付方式换取职工提供服务，应该按2006年财政部颁布的《企业会计准则第11号——股份支付》的规定计入相关成本或费用，并相应增加资本公积。

直接向激励对象定向发行股票，严格意义上是公司对职工前期和股票限售期内的人力资本的股票支付行为。实施此类方案时，建议注意以下几点：

首先，严格界定股权激励的对象。虽然“新三板”目前没有对股权激

① 参照《上市公司股权激励管理办法》的规定，每股价格为10元/股显得过低。

励事宜予以规范，但可以参照 A 股上市公司的《管理办法》。对于股票已经公开转让，尤其是采取做市方式转让的，相应股票的定价方式更应该予以规范，挂牌公司参照《上市公司股权激励管理办法（试行）》实施股权激励的，可以按照《企业会计准则第 11 号——股份支付》和《企业会计准则第 22 号——金融工具确认和计量》等会计准则的规定进行会计处理。如是，挂牌公司股权激励的支出可在企业所得税前扣除。

其次，用于股权激励的股份支付规模及每一个激励对象获取的股票数额不宜过大。华为创始人兼掌门人任正非曾说，科技企业是靠人才推动的，公司过早上市，就会有一批人变成百万富翁、千万富翁，他们的工作激情就会衰退。另一方面，如果“新三板”市场的监管措施不当，就会诱发更多的挂牌公司通过股份支付的方式向职工发放薪酬。这种情况如果持续发生，无论做市股价是多少，结果也只能导向高估值的股票价格崩盘。

最后，挂牌公司的高级管理人员的持股比例不宜过高。如果高级管理人员持有的股票比例过高，容易引发相关人员辞职套现，不利于公司长期稳定经营，这是市值管理中的大忌。从监管的角度，高级管理人员持有的股票比例过高，极端情况下诱发犯罪。他们会为了私利，采用违规手法，虚报营业收入和利润，美国安然事件①就是典型的代表。

（二）回购本公司股份奖励给职工

2016 年 3 月 18 日，“新三板”创新层公司英雄互娱②发布《关于公司拟回购股份预案的公告》。公告称，为了公司长期发展以及合理估值水平，

① 安然事件是指 2001 年发生在美国的安然（Enron）公司破产案。安然曾经是世界上最大的能源、商品和服务公司之一。2001 年 12 月 2 日，安然突然向纽约破产法院申请破产保护。安然的董事会、监事会和高级管理人员长期疏于职守、虚报账目、误导投资人以及牟取私利等行为，是安然倒闭的重要原因之一。

② 北京英雄互娱科技股份有限公司，证券代码 430127。

充分调动员工为公司创造效益的积极性，提高公司资产盈利能力，保护投资者利益，树立良好的资本市场形象，英雄互娱董事会拟订回购本公司股份并提请股东大会审议，回购的股份用于员工股权激励计划。英雄互娱董事会认为，回购部分股份符合全体股东和公司的利益，有利于增强投资者信心，也有利于完善长效激励机制。

根据中国证监会和全国股转公司的有关规定，按照本预案计划择机回购公司在“新三板”公开转让的普通股。本次回购股份的数量以回购期满时实际回购的股份数量为准，回购期价格不超过每股 82 元（除权前），不低于每股 68. 53 元（除权前）。

拟用于回购的资金总额不超过人民币 5000 万元，资金来源为公司自有资金。回购期限为自股东大会审议通过回购股份方案之日起至 2017 年 6 月 30 日止，如果在此期限内回购资金使用金额达到最高限额，则回购方案实施完毕，回购期限自该日起提前届满。

公司所回购的股份在一年内按照股权激励方案转让给本公司职工，具体股权激励方案由董事会拟定，并提请股东大会通过后授权给董事会实施。

再看一个案例。2016 年 1 月 28 日，北京“新三板”挂牌公司兴竹信息①发布《关于公司拟回购股份的预案公告》。公告称，为充分调动员工创造效益的积极性，提高资产盈利能力，保护投资者利益，树立良好的资本市场形象，董事会拟定了回购本公司股份的预案并提请股东大会审议。回购的股份用于员工股权激励计划。

按有关规定，兴竹信息计划择机在“新三板”通过公开转让方式回购本公司股份，回购期限为自股东大会通过回购股份方案之日起至 2016 年 6

① 北京兴竹同智信息技术股份有限公司，证券代码 430253。

月30日止。拟用于回购的资总额为1400万元，资金来源为公司税后利润。回购股份不超过200万份，回购股份价格不超过每股7元（除权前）。如果回购期限内回购股票使用的资金达到最高限额，则加购方案实施完毕，回购期限自该日起自动届满。

按《公司法》中规定，经股东大会决议，公司可以收购公司股份，将股份奖励给本公司职工。收购本公司股份奖励给职工的，不得超过已发行股份总额的5%，用于收购的资金应当从税后利润中支出，并且所收购的股份应当在一年内转让给职工。

上市公司回购本公司股票的行为可以依据中国证监会颁布的《上市公司回购社会公众股份管理办法（试行）》（2005年6月16日发布并施行）办理。上市公司实施回购方案前，应当在证券登记结算机构开立由证券交易所监控的回购专用账户；该账户仅可用于回购公司股份，已回购的股份应当予以锁定，不得卖出。回购期届满或者回购方案已实施完毕的，公司应当停止回购行为，撤销回购专用账户，在两个工作日内公告公司股份变动报告，并在10日内依法注销所回购的股份，办理工商变更登记手续。

但“新三板”挂牌公司不属于上市公司，并不适用上述管理办法。2015年1月16日晚间，“新三板”挂牌公司方兰德①披露《回购股份暨减少注册资本的预案》，公司拟进行股份回购，回购的股份将予以注销。

据媒体报道②，方兰德拟实施回购时，中国结算公司要求全国股转公司出示《回购备案函》，由于缺乏相关的政策，最终全国股转公司只能通过与中国结算公司单独协商，安排方兰德在中国结算北京分公司开立了回购专用账户，并在回购方案实施完成后，按相关规定办理回购股份注销

① 胜利方兰德石油装备股份有限公司，证券代码830952。

② 《新三板股票回购之谜无章可循的绕行“曲线”回购》，来源：新三板在线，作者：王熙喜，编辑：东方财富网。http：//stock. eastmoney. com/news/1614，20160918664703389. html

手续。

自方兰德成功实施股票回购方案以后，全国股转公司以缺乏相关回购操作细则为由，不再为挂牌公司回购本公司股份事宜提供特别安排。目前“新三板”完成股票回购的案例中，基本上都采取了曲线回购的方法。部分挂牌公司采取在证券公司开立只能买入不能卖出的受限制账户来完成股份回购。由于账户内资金来源属于挂牌公司的自有资金，这种方法可使用但是并不合规。

股份公司依股东大会决议回购本公司股票予以注销或者奖励给职工是《公司法》授予的基本权利，全国股转公司有义务提供相关的操作细则。由于相关规则缺失，尤其是大宗交易等制度未确立，“新三板”挂牌公司实施股票回购难度非常大。

（三）通过在册股东进行股份转让

实施股权激励方案，除了可以通过定向发行股票和回购本公司股票以外，还可以选择股东股权转让的方式来解决股票来源问题。

2015 年 4 月 10 日，“新三板”挂牌公司航天检测①发布《2014 年年度股东大会决议公告》。公告称，航天检测股东大会审议通过《2014 年度核心员工持股激励方案》议案。4 月 28 日，航天检测发布《2014 年核心员工持股激励方案执行公告》。持股激励的目的是通过倡导价值创造为导向的绩效文化，实施针对核心人员的股份激励，实现责任与风险共担，企业与员工之间形成利益与命运共同体，从而有效地平衡短期利益与长期利益之间的关系，形成现有薪酬结构之外的新的激励措施，以吸引人才、留住人才、发挥人才的积极性，使其与公司的长期发展紧密联系起来，激励公

① 云南航天工程物探检测股份有限公司，证券代码 832007。

司管理人员及其他相关人员主动承担责任，积极努力完成公司战略目标，不断提高企业的经济效益，增强企业凝聚力。激励对象为有资格通过间接持股的方式，获授一定数量限制性股票的公司员工，包括公司高层管理人员、中层管理人员、核心技术人员。

公告称，航天检测的大股东刘浩先生已经转让持有公司 21.99% 的股份至云南君致投资合伙企业（有限合伙）持有，计 707 万股，作为实施激励计划的股票。股票转让价格为上年度截至 12 月 31 日公司经审计的每股净资产的 50%。

激励对象依照本激励计划所取得的公司限制性股票，将通过持有云南君致投资合伙企业（有限合伙）的出资份额从而实现间接持有，激励对象以自然人的身份在云南君致投资合伙企业内持股，即间接持股公司股份的方式。云南君致投资合伙企业（有限合伙）合伙协议经全体激励对象签署后生效，并将对激励对象的持股方式及退出机制作进一步的约定，以上合伙协议应报工商管理部门备案，具有法律效力。

（四）授予股票期权方式

2016 年 6 月 17 日，湖北“新三板”挂牌公司传神语联①发布《股票期权激励计划》，该计划采用的是授予股票期权的方式进行股权激励。传神语联授予的每份股票期权拥有以下权利：在行权有效期内，在满足行权条件情况下，以行权价格购买 1 股本公司股票。

股票期权能有效地把激励对象的自身利益与公司整体业绩很好地结合起来，属于长期激励的范畴。

传神语联拟向激励对象授予 1650 万份股票期权，涉及的标的股票种类

① 传神语联网网络科技股份有限公司，证券代码：835737。

为公司普通股。该计划股票来源为向激励对象定向发行的股票，激励对象为公司高级管理人员、核心员工、突出贡献员工。

该计划授予的股票期权的行权价格为6.76元/股。考核期届满后，在激励对象满足获授条件后，由公司董事会一次性授予。

获授条件包括公司业绩考核和个人业绩考核两部分。

业绩考核要求需满足以下三条中的任何一条：

（1）以2015年为基准，2016—2018年归属于挂牌公司股东的净利润年复合增长率不低于70%；

（2）2018年度归属于上市公司股东的净利润相比2015年增长不低于391.3%；

（3）届时公司股东大会通过的其他激励指标[①]。

其中，2016—2018年度公司净利润以经会计师事务所审计后的数据为准。

个人业绩考核要求：根据公司制定的《绩效管理制度》，若激励对象在2016—2018年度内个人绩效考核结果“合格”，则激励对象可参与获授股票期权的行权；若2016—2018年度内激励对象个人绩效考核结果为“不合格”，该激励对象不得参与获授股票期权的行权。

业绩考核期为2016—2018年度。考核期届满，在个人业绩考核达标情况下，若公司业绩考核达标，则激励对象可行权；若公司业绩考核未达标，则激励对象不可行权。

股票期权具有激励与制约的双重特征，在产生激励作用的同时兼具压力，这解决了很多公司关心的如何将激励与绩效结合、激励对象中途离职

① 公告中原文如此。“届时公司股东大会通过的其他激励指标”之规定属于意外条款，出现此类意外条款的协议即使不属于白纸一张，其法律效力也将大打折扣。另外，考核指标按净利润年复合增长率并不适当。员工可以通过努力可以实现公司的整体营业收入，但无法左右公司的投资和支出，当然也无法左右净利润的增长率。

怎么办等问题，也是股票期权的魅力之所在。

（五）授予虚拟股权方式

选择授予虚拟股权方式的，激励对象可以据此享受一定的分红权和股价升值收益，但激励对象并不实际持有公司股票，没有所有权，也没有表决权，更不能转让和出售，且激励对象一旦在离开公司，该虚拟股权自动失效。

虚拟股权享有的收益来源于股东对相应股权收益的让渡。虚拟股权分为股票增值权和分红权，二者可结合使用。公司支付给持有人收益时，既可以现金支付，也可以股份支付。

运用虚拟股权激励最著名的公司就属于深圳华为了。由于华为近十多年来取得了巨大成功，相关介绍和研究非常之多，这里不再赘述。严格的虚拟股权方案涉及到实际股票支付的，对公司的股权结构显然有影响，这有悖于资本市场对股权明晰的基本要求。对于上市公司和挂牌公司而言，实行严格的虚拟股权激励方案是否合法合规，还有待于商榷。

目前，“新三板”挂牌公司实行虚拟股权激励方案，基本上均不涉及实际股票支付，仅仅以公司股票作为虚拟股票标的，对公司的股权结构没有施加任何影响，本质上属于一种特殊的利润分配方案。

例如：2015 年 5 月 6 日，北京“新三板”挂牌公司精冶源①公开披露了《虚拟股权激励方案》，同年 11 月发布修订公告，次年 6 月 30 日又发布《2015 年度虚拟股权激励实施公告》。公告称，精冶源授予被激励对象一定数额的虚拟股份，被激励对象不需出资而可以享受精冶源公司市值的增长，相关利益的获得需要精冶源公司进行支付。但是，激励对象没有虚

① 北京精冶源新材料股份有限公司，证券代码：831091。

拟股票的表决权、转让权和继承权，只有拟制分红权。

激励对象为 2015 年有卓越贡献的 16 名新老员工，激励基金总额为 573408. 72 元。此次激励计划的有效期限为 3 年，即从 2015 年至 2017 年。激励对象不需出资即可享有精冶源给予的一定比例的分红权，所谓的分红权是指可以获得与虚拟股权收益金额相等的激励基金。精冶源董事会负责虚拟股权的组织管理工作：根据年度税后净利润确定虚拟股权分配方案；根据员工持股情况设立员工个人持股明细账户，登记员工持有的虚拟股权状况，结算年终分红收益，办理虚拟股权的授予等事宜。

精冶源以年度净利润作为业绩考核指标①。设定的每年业绩目标为：年度净利润增长率不低于20%（含20%）。当年公司业绩目标实现的情况下，按照公司该年度净利润和虚拟股权占比核算和提取股权激励基金。

当年的虚拟股红利在次年 5 月份发放，虚拟股红利以公司公告为准。虚拟股红利发放通过银行转账发放到员工银行卡上，若涉及征税，公司代扣代缴。从激励对象离职或被解雇之日起所授予虚拟股份自动丧失，不再享有任何分红权。

① 公告中原意如此。

三、需要注意的几个问题

（一）激励对象的人数限制

被激励员工需符合《非上市公众公司监督管理办法》、全国中小企业股份转让系统投资者适当性管理细则（试行）的相关规定：

（1）只要不属于挂牌公司董事、监事和高级管理人员的股东，均可以直接参与本公司定向发行股份，而没有名额的限制；

（2）属于挂牌公司董事、监事和高级管理人员，不管当时是否是股东，都可以直接参与股份定向发行，但在名额上受限制；

（3）核心员工应当由公司董事会提名，并向全体员工公示和征求意见，由监事会发表明确意见后，经股东大会审议批准；

（4）“公司的董事、监事、高级管理人员、核心员工”与“符合投资者适当性管理规定的自然人投资者、法人投资者及其他经济组织”之和不得超过35名。

当然，如果某公司内的核心员工都是证券类资产超过500万元的“土豪”，并且具有相关证券投资经验，就可以直接申请“新三板”自然人投资者资格，而不需要为核心员工的认证程序费劲了。

如果股权激励对象较多，采取定向发行股票的方式有可能存在人数限制问题。

（二）股份代持和持股平台

根据2014年12月26日中国证监会公布并施行的《非上市公众公司监管指引第4号——股东人数超过200人的未上市股份有限公司申请行政许可有关问题的审核指引》（以下简称《第4号审核指引》）中“三、关于股份代持及间接持股的处理”之规定，股份公司股权结构中存在工会代持、职工持股会代持、委托持股或信托持股等股份代持关系，或者存在通过“持股平台”间接持股的安排以致实际股东超过200人的，在依据本指引申请行政许可时，应当已经将代持股份还原至实际股东、将间接持股转为直接持股，并依法履行了相应的法律程序。

申请挂牌公司已经实行股份激励方案中应该尽量避免工会代持、职工持股会代持、委托持股或信托持股等代持关系，已经采用的，建议在挂牌前根据相关法规，遵照公平合理的原则解除代持关系，并将代持股份还原至实际股东。

对于通过“持股平台”间接持股的安排而实际股东未超过200人的情形，并不适用于《第4号审核指引》中的相关规定，中国证监会豁免审核。

在2015年11月之前，“持股平台”不但不需要股份还原，甚至还可以参与挂牌公司定向发行股份。2015年11月24日，全国股转公司发布《非上市公众公司监管问答——定向发行（二）》。该问答中规定，为保障股权清晰、防范融资风险，单纯以认购股份为目的而设立的公司法人、合伙企业等持股平台，不具有实际经营业务的，不符合投资者适当性管理要求，不得参与非上市公众公司的股份发行。

全国股转公司对“持股平台”的态度是相对宽松的，而中国证监会对“持股平台”的态度是严格管制的。《非上市公众公司监督管理办法》（2013年12月26日修订）中第三十二条的规定，挂牌公司股票向特定对象转让导致股东累计超过200人的，应当自上述行为发生之日起3个月内，按照中国证监会有关规定制作申请文件。挂牌公司保留“持股平台”就意味着需要按《第4号审核指引》进行股份还原，并履行相应的法律程序。

如此，挂牌公司保留和建立“持股平台”的做法无疑是在自己身上安装了一颗炸弹，宜避免使用。

（三）避免对未来IPO形成障碍

2013年12月14日，国务院公开发布《关于全国中小企业股份转让系统有在问题的决定》，该决定明确指出，在“新三板”挂牌的公司，达到挂牌上市条件，可以直接向证券交易所申请上市交易。

对于有计划登陆A股的挂牌公司宜未雨绸缪，不能因为激励政策失当，而对申请到创业板IPO造成实质性的影响。

例如，IPO期间要求最近三年（创业板为两年）主营业务和董事、高管无重大变化，实际控制人没有发生变更。如果新三板挂牌期间实施股权激励计划，行权期设置又太短，很容易形成高管团队和核心员工的套现离职风波，结果自然是自古多情空余恨。

对此，近期若有IPO计划的挂牌公司，建议避免实施股权激励计划，而应该多考虑提高薪酬和增加福利的其他可行的方案。

到创业板IPO，对公司的财务指标要求最近两年连续盈利，且净利润累计不少于1000万元；或者最近1年盈利，最近一年营业收入不少于5000万元。实施股权激励计划，尤其是采取定向发行股票方式的，激励价格和公允价格的差额会被要求按股份支付的会计准则处理，在等待期内确认为费用，如此一来必将影响到公司的净利润。

另外，股权清晰是公司股票在资本市场上公开转让或交易的基本条件，在申请挂牌时有要求，在申请 IPO 时当然也有要求，挂牌公司应该避免通过持股平台授予员工具有选择权的股票。虽然目前全国股转公司并没有这方面的监管要求，但是，千万不要做中国证监会严令禁止的事。

在中国，很多人都会因“绕道”而沾沾自喜，当然也有很多人在“绕道”这件事情上栽跟头。

（四）处理好与投资人之间的关系

若公司已经经过多轮的融资或者正在进行融资谈判，董事会实施股权激励计划时，就必须注意处理好经营团队和投资人之间的利益关系。

首先，需要核查与投资人已经签署或者即将签署的投资协议，看一下协议中有没有相关的条款，例如对股权激励的方式、范围、额度以及频次方面是否有所限制？如果股权激励方案与投资协议发生冲突，不利于挂牌公司股权结构的相对稳定，不利于挂牌公司在资本市场上的持续运营。

其次，资本运营，以和为贵。如果涉及股份支付问题，最好提前与投资者进行洽商，不要等到召开股东大会时才开始摊牌。公司的大股东有“霸王硬上弓”的气场非常棒，但是，偶尔也能居安思危去细细地品味“四面楚歌”时的心境就更好。

最后，在资本市场上，投资人也包括潜在的投资人。很多挂牌公司因为公开转让交易清淡或者长时间零转让，并且从来都没有过定向发行股票之类的运作，就会感觉到既然公司的股东还是原来的一帮人，重大决策的信息披露与不披露有什么关系？做什么还不是凭董事长的一句话？有这种想法和行为只能给八个字的评价：“目光短浅、自暴自弃。”

四、 私募股权基金、资产管理计划以及其他金融计划

《第4号审核指引》中明确要求股东人数超过200人的股份公司申请挂牌“新三板”前需要解除股份和清理“持股平台”，同时又规定，以私募股权基金、资产管理计划以及其他金融计划进行持股的，如果该金融计划是依据相关法律法规设立并规范运作，且已经接受证券监督管理机构监管的，可不进行股份还原或转为直接持股。①

因此，挂牌公司实施股权激励计划，建议认购私募股权基金、资产管理计划等接受中国证监会监管的金融产品作为持股载体。上述金融产品需要相关方完成核准、备案程序并充分披露信息。一般情况下，此类金融产品对于合格自然人投资者都有最低认购要求，普通员工的持股计划的实施条件或存在一定限制。

① 《非上市公众公司监管问答——定向发行（二）》中也规定，挂牌公司设立的员工持股计划，认购私募股权基金、资产管理计划等接受证监会的认购私募股权基金、资产管理计划等接受证监会监管的金融产品，已经完成核准、备案程序并充分披露信息的，可以参与非上市公众司定向发行。

（一）资产管理计划

按中国证监会公布实施的《证券公司客户资产管理业务管理办法》（2013 年修订）之规定，证券公司办理定向资产管理业务，接受单个客户的资产净值不得低于人民币 100 万元。

证券公司可以自行推广集合资产管理计划。集合资产管理计划的合格投资者累计不得超过 200 人。合格投资者是指具备相应风险识别能力和承担所投资集合资产管理计划风险能力且符合下列条件之一的单位和个人：个人或者家庭金融资产合计不低于 100 万元人民币；公司、企业等机构净资产不低于 1000 万元人民币。

依法设立并受监管的各类集合投资产品视为单一合格投资者。

（二）集合信托计划

按中国银监会[①]公布实施的《信托公司集合资金信托计划管理办法》，（2008 年 12 月 17 日修订，2009 年 2 月 4 日施行）之规定，集合信托计划的合格投资者，是指符合下列条件之一，能够识别、判断和承担信托计划相应风险的人。

（1）投资一个信托计划的最低金额不少于 100 万元人民币的自然人、法人或者依法成立的其他组织；

（2）个人或家庭金融资产总计在其认购时超过 100 万元人民币，且能提供相关财产证明的自然人；

（3）个人收入在最近三年内每年收入超过 20 万元人民币或者夫妻双

① 中国银监会是中国银行业监督管理委员会的简称。中国银监会是国务院直属正部级事业单位，根据国务院授权，统一监督管理银行、金融资产管理公司、信托投资公司及其他存款类金融机构，维护银行业的合法、稳健运行。

方合计收入在最近三年内每年收入超过30万元人民币，且能提供相关收入证明的自然人。

（三）私募基金

按中国证监会2014年8月21日公布并施行的《私募投资基金监督管理暂行办法》之规定，私募基金的合格投资者是指具备相应风险识别能力和风险承担能力，投资于单只私募基金的金额不低于100万元且符合下列相关标准的单位和个人：净资产不低于1000万元的单位；金融资产不低于300万元或者最近三年个人年均收入不低于50万元的个人。

所谓的金融资产包括银行存款、股票、债券、基金份额、资产管理计划、银行理财产品、信托计划、保险产品、期货权益等。

（四）证券投资基金

按中国证监会2012年9月26日公布的《基金管理公司特定客户资产管理业务试点办法》（2012年11月1日施行）之规定，资产管理人通过设立资产管理计划从事特定资产管理业务，可以为单一客户办理特定资产管理业务，也可以为特定的多个客户办理特定资产管理业务。

为单一客户办理特定资产管理业务的，客户委托的初始资产不得低于3000万元人民币，中国证监会另有规定的除外。

为多个客户办理特定资产管理业务的，资产管理人应当向符合条件的特定客户销售资产管理计划。符合条件的特定客户是指委托投资单个资产管理计划初始金额不低于100万元人民币，且能够识别、判断和承担相应投资风险的自然人、法人、依法成立的组织或中国证监会认可的其他特定客户。并且，单个资产管理计划的委托人不得超过200人，客户委托的初始资产合计不得低于3000万元人民币，中国证监会另有规定的除外。

（五）银行理财产品

按中国银监会2011年8月28日公布的《商业银行理财产品销售管理办法》（2012年1月1日施行）之规定，商业银行为私人银行客户和高资产净值客户提供理财产品销售服务，应当按照规定进行客户风险承受能力评估。私人银行客户是指金融净资产达到600万元人民币及以上的商业银行客户；商业银行在提供服务时，由客户提供相关证明并签字确认。高资产净值客户是满足下列条件之一的商业银行客户：

（1）单笔认购理财产品不少于100万元人民币的自然人；

（2）认购理财产品时，个人或家庭金融净资产总计超过100万元人民币，且能提供相关证明的自然人；

（3）个人收入在三年每年超过20万元人民币或者家庭合计收入在三年内每年超过30万元人民币，且能提供相关证明的自然人。

例如：2015年6月24日金宏气体①于发布《员工持股计划（草案）》，同年9月29日发布《员工持股计划（修正案）》。持股计划称，金宏气体将代表员工持股计划全额认购由东海瑞京资产管理（上海）有限公司设立的东海瑞京－瑞享5号员工持股计划专项资产管理计划（以下简称“瑞享5号专项资管计划”）的全部份额。

员工持股计划以“份”作为认购单位，每份额的认购价格为人民币1元，员工持股计划份额合计不超过4800万份，资金总额不超过4800万元。

瑞享5号专项资管计划主要投资于金宏气体在“新三板”定向发行400万股股票（相当于12元/股），员工通过认购员工持股计划份额间接持有公司股票。

① 苏州金宏气体股份有限公司，证券代码831450。

参加员工持股计划的员工总人数不超过40人，其中公司董事（不包括独立董事）、监事和高级管理人员认购份额占员工持股计划总份额的初始比例不超过67.5%，具体参加人数根据员工实际缴款情况确定。员工自愿参加，无强行分配等强制员工参加的情形。

员工持股计划存续期42个月。通过认购本次定向发行股票方式所获得的标的股票的锁定期为12个月。12个月后解禁总份额的30%，24个月后解禁总份额的30%，36个月后解禁剩余的40%。锁定期满后，以未来3年公司的业绩增长目标作为收益分配考核基准，按本员工持股计划的设定进行解锁及卖出股票。

绩效考核指标：按金宏气体2015—2017年扣除股份支付费用前的净利润业绩[①]考核目标的完成率进行考核。

① 公告的原意如此。

CHAPTER 9
第九章　筑巢引凤栖
契合价值投资的几点思考

公司在“新三板”完成股票挂牌，只不过是迈进资本市场大门的第一步，资本突破的实战才刚刚开始，如何提高信息透明度以及加强自身的商业信用是每个挂牌公司必须考虑的问题。

建议挂牌公司不必纠结在股票公开转让交易的流动性是否充足，而应该将注意力集中在如何吸引外部投资者的问题上。通过定向发行普通股、优先股，或者非公开发行可转债等，融通更多的外部资金，实现快速发展。

一、打造一支有说服力的团队

要揭示资本的秘密，必须回到资本最原始的意义上。在中世纪的拉丁语中，“资本”最初是指牛或者其他家畜的头数。家畜一直是当时财富的重要来源，家畜不仅能够提供肉类，人们饲养家畜的成本也很低。家畜的数量和大小很容易计算和衡量。更重要的是从家畜中你可以得到额外的财富或者附加值，例如牛奶、皮革、羊毛、肉类和燃料，并且家畜可以繁殖后代。因此，“资本”这个词具有双重意义：它表示你可以从资产（家畜）中获取物质资源，同时也可以提取它们产生的附加值。

资本总是同货币混淆在一起。货币只是资本发展过程中多种表现形式之一，货币有助于商品交易，但是，货币本身并不是附加生产的根源。货币提供了一种标志化的参照，使资产的价值可以衡量，由此实现不同类型资产之间的所有权交换。

资本并非资产的积累，而是蕴藏在资产以及资产的组合中的潜能、能够开展新的生产的潜能。

以位于山间的一处湖泊为例，它目前的主要用途是划船和捕鱼。但是，假如从一个工程师的立场考虑，修建大坝将湖泊的水位提高，建立一座水电站，原本平静的湖面所蕴藏的潜能就可以转化为电能，通过输变电线路传送到远方，为新的生产提供动力。①

从湖泊演变为资本的过程中可以看出，资本形成的关键不在于资产本身，很大程度上取决于能够发现湖泊潜能的工程师。有了这些工程师还不足够，还需要能够帮助工程师完成发电站建设的资本家。

从现代意义上说，资本形成的关键在于一支由资本家和工程师组成的团队。没有这样一支促使资本形成的团队，货币仍归于货币，资产仍归于资产，就不可能演化为让社会财富持续增加的资本。

让外部投资者了解自己并建立信任，不妨从打造一支有说服力的团队开始。

公司股票在“新三板”上挂牌，只能说公司的股东权益初步实现了证券化，并不意味着马上就会有外部投资者来申购本公司的股票。资本形成非一朝一夕之功，因此，“新三板”上的股票流动性差是非常合理的一种结果。任何投资都是谋求回报的，当外部投资者对一家公司没有任何了解、没有丝毫信任，根本不可能来参与转让股票，或者其他的融资计划。

从另一个角度来看，公司在资本突破的道路上砥砺前行，最宝贵的不是目前拥有了多少优质的资产，也不是其商业计划中提出了多么宏大的规划，而是这个过程中历经千锤百炼的“钢铁”团队。梦想取代阿里巴巴在电子商务中的霸主地位，这样的创业者不计其数，可是，连腾讯这样伟大的公司也最终选择与更具优势的京东进行资产整合。

公司要实现资本突破，就意味着正在参加一场马拉松式的拉力赛，这是一个长期的过程，不但要有耐力，同时还要求始终保持着百米冲刺的速度，这一切都需要一支优秀的团队。

---

① 《资本的秘密》，作者：［秘鲁］赫尔南多·德·索托，译者：于海生，华夏出版社，2007年1月第1版。第28－50页。

单枪匹马闯荡江湖的英雄时代已经远去了。创业维艰，如果职场精英们不能和谐地聚合在一起，公司发展谈何而起？也许连存续都岌岌可危。历史上看，从联想①柳传志先生的“左右手”，到巨人网络②史玉柱先生的“四个火枪手”，再到阿里巴巴马云先生的“十八罗汉”，……其中迸发出来的都是团队中蕴藏的巨大能量。

如何构建一个精诚团队、优势互补、齐心协力、士气高涨的团队呢？仁者见仁，智者见智，以下四点仅供参考。

（一）选择好团队伙伴

对一个公司的实际控制人（以下简称“负责人”）而言，选好团队伙伴太重要了。刘备三顾茅屋，最终成就三国鼎立的伟业，在这方面多花一些精力、拿出一定的成本是值得的。

负责人应该善于自我反省和自我解剖，依据优势互补的原则选择合作伙伴。在申请挂牌前就应该考虑好这方面的事情，挂牌后，还可以对核心团队进行适当地调整。

许多公司的负责人在这方面存在失误，有各种各样的原因，最主要原因是情感战胜了理智，合作伙伴大部分都是家里的兄弟姐妹、同学、旧同事、亲朋好友等。短期看，这样的组合由于融入了非常多的情感因素，往往会兄弟同心，其利断金；长远看，家族式管理和江湖文化会自然形成一道看不见的屏障，阻碍公司从社会上吸收更优秀的人才，对公司的长远发展埋下了隐患。

---

① 联想控股股份有限公司，成立于1984年11月。世界500强公司，是全球消费、商用以及企业级创新科技的领导者。1994年，联想集团有限公司在香港联合交易所上市，其主要股东为联想控股股份有限公司。

② 上海巨人网络科技有限公司，成立于2004年11月，是一家以网络游戏为发展起点，集研发、运营、销售为一体的综合性互动娱乐企业。于2007年11月1日顺利登陆纽约证券交易所。

山不在高，有仙则名，水不在深，有龙则灵。核心团队的人数并不需要太多，三到五个人就刚刚好，只要能做到分工明确，优势互补就可以。人数太多，往往会山头林立，公说公有理，婆说婆有理，不利于决策与执行。

当然，这也取决于公司负责人的情商和魄力。曹操统揽大局，乾纲独断，挟天子而令诸侯，帐下谋士如云、武将如雨就非常自然；而对于皇叔刘备，弘毅宽厚，知人待士，桃园三结义，三顾茅屋，也能在四川成都建国称帝。

（二）要有某种程度的理想主义情怀

360 公司[①] CEO 周鸿祎先生曾说："我在互联网行业里干了这么久，从来没有看到一个为了解决财务问题而凑在一起的团队能够最终走向成功的。相反，这样的团队一旦遭遇到了挫折，就容易悲观失望；或者一旦外面有更大的现实利益诱惑，团队容易分崩离析。"

情怀这种东西，往往跟某种信仰联系在一起。口腹之欲是物质方面的，层次最低，最不牢靠；如果大家由于拥有共同的价值观而走到了一起，凝聚力会非常强。思想的契合是精神方面的，层次提高了，当然也更持久；因为共同的信仰而努力奋斗，这才是团队凝聚力的最高层次。

阿里巴巴董事局主席马云说："让天下没有难做的生意，成立这家公司，我们 18 个创业者发誓，也成为今天合伙人的精神。"正因为有共同的信仰，阿里巴巴的创业者们始终向着未来，保持乐观，怀抱梦想，奋勇向前。

---

① 北京奇虎科技有限公司，2005 年 9 月创立，主营 360 杀毒为代表的免费网络安全平台和拥有问答等独立业务的公司。2011 年 3 月在美国纽交所挂牌交易。2016 年 7 月，360 公司宣布完成私有化，届时，该公司股票将不再在美国纽交所公开交易。

公司在制订各种商业计划书前，最好能提前确定好自己的使命，以便让大家都知道应该在社会经济发展中担当什么样的角色，以及担负什么样的责任。公司使命是公司持续发展的经营哲学和指导思想，说简单些就是向职工以及公众说明：本公司为什么要存续下去？是简单地提供某项产品（服务）以改善生活？抑或去承担一项不可或缺的社会责任？

如果一个公司找不到存在的理由或者答出来的理由连自己都不相信，这样的公司已经没有存在的必要了。

（三）股权分配要明晰、股权结构要合理

公司存在和持续的基本条件是赢利。如果持续亏损，公司就死了，情怀当然也就跟着死了。合理的利润和伟大的情怀之间并不矛盾。既然在实现梦想的过程中能获得利润，如何分配利润，就最好提前讨论一下。亲兄弟、明算账。股权分配明晰，就是将大家的利益捆绑在一起，形成一个利益共同体，风雨同舟，不离不弃。

任何企业的发展都是从无到有、从小到大、从大到强的一个过程。首先要打造一个利益共同体，然后才能谈构筑一个精神共同体。合作伙伴们在物质和精神方面得到满足，大家才能坐在一起畅谈如何建设一个命运共同体。

创业公司核心团队成员的股权与公司宜长期绑定，按照创始团队成员在公司工作的年数，逐步兑现。道理很简单，当你已经停止为公司继续服务，就不应该继续享受其他伙伴接下来创造的价值。没有股权绑定的安排，派发股份给任何人都不靠谱。口头约定往往会产生纷繁复杂的纠纷，团队成员之间最好能签署具有法律效力的协议来彼此约束。

对于创业者而言，要充分地熟悉相关的法律，并对内部股权结构优化有清楚地理解。在资本运营的过程中，能够运用法律手段保护好自己，而

不是基于江湖老大的恩威并重，更不是封建家长制式的独断专横。

周鸿祎先生说："360 公司从一开始就做了员工持股计划，最初员工持股比例达到 40%，最后几轮稀释后在上市前降低到 22%。这个比例在今天互联网公司中算是最高的了。我觉得，有效的股权期权制度，能够把团队的利益和公司的利益捆绑在一起。这些做好了，讲理想主义才好讲，做思想工作才好做。"

股权结构也要合理，负责人不能轻易地放弃公司的控股权。2015 年 10 月，乐视控股[①]宣布入股易到用车，乐视控股对易到用车的并购式投资后，获得 70% 股权。2017 年 4 月，周航发声明称，易到用车目前存在着资金问题，而导致这个问题发生的最直接原因是乐视控股挪用了易到用车的资金，并将矛头指向了乐视控股及其创始人贾跃亭。如果对这一事件进行反省，周航作为创始人过早地放弃控股权是直接的导火索。

（四）对高级管理人员进行背景调查

按"新三板"信息披露的有关规定，如果有重大影响的人员变动需要及时披露，例如总经理、财务总监、董事会秘书等高管离职，或者董事、监事发生变动的。董事、监事、高管经常发生重大变动，说明公司治理机制存在缺陷，对公司的稳定经营与持续发展不利。

高管应该洁身自好。按有关规定，上市公司及挂牌公司的现任董事、监事和高管应具备和遵守《公司法》规定的任职资格和义务，不能够存在最近 24 个月内受到中国证监会行政处罚或者被采取证券市场禁入措施的情形。

考察高管是否诚信，首先要重视他的人品是否正直。负责人通过聘任

① 指的是乐视控股（北京）有限公司，成立于 2011 年 9 月 8 日。

正直的高管才能实现其领导力，才能树立起普通员工效仿的榜样。一个高管的下属，和高管共事一段时间，就会摸清他的人品好坏。明知自己的上司是坏领导，还要继续共事，要么忍气吞声，要么有样学样。

一个公司的精神是自上而下树立起来的。如果说一个公司富有精神，那是因为公司负责人的精神崇高；如果说一个公司低劣流氓，其根源也在于负责人格局偏狭。正所谓“上梁不正下梁歪”，如果一个人的人品不能成为下属效仿的榜样，就不应该将他提拔到重要的工作岗位上。

关于挂牌公司高管兼职问题也是监管的重点，可以参照拟上市公司首次公开发行股票时的管理办法。例如总经理、副总经理、财务负责人和董事会秘书等高级管理人员不得在控股股东、实际控制人及其控制的其他企业中担任除董事、监事以外的其他职务，不得在控股股东、实际控制人及其控制的其他企业领薪等。

二、商业模式要接地气

虽说任何公司破产倒闭都是迟早的事情，但我国中小企业的平均寿命非常之短，残酷的事实依然令人惊诧。

有抽样调查显示，中国民营企业平均寿命仅 3.7 年，中小企业平均寿命更是只有 2.5 年，大型公司的平均寿命是 7 到 9 年。在百年老店方面，中国的企业数量更是落后于发达国家①。

资本市场必然讲究功利，中小企业这么短的平均寿命，注定了他们在资本突破的道路上遭遇更多的挑战。

阿里巴巴的董事会主席马云希望阿里巴巴能横跨三个世纪，给阿里巴巴的寿命定在了“102 年”。在这里，“102 年”只是代表了一种象征性的时间尺度，其内在折射出的是马云先生立志做“百年企业”的梦想、愿景、决心。

一个组织到底能够存活有多久，许多的学者认为其主要因素取决于这个组织的文化，例如在世界上，存在时间最长的组织是宗教。罗马教会在

① 《中国企业平均寿命为什么短》，作者：刘兴国，来源：经济日报，中国经济网，2016 年 06 月 01 日。http：//www. ce. cn/xwzx/gnsz/gdxw/201606/01/t20160601_ 12370561. shtml

公元392年就成立了，称得上是世界上寿命最长的组织。罗马城墙几经倒塌成为废墟，而梵蒂冈圣彼得大教堂上的十字架近两千年来屹然耸立。诚然，宗教传播的文化力量非常重要，但更应该看到分布在全世界各地数量庞大的教堂以及管理这些教堂的基层教会。教堂是信徒们定期礼拜的场所，主持教务的主教也是由各地方基层组织推举出来的，罗马教会基于这些坚实的基础建设之上，无论欧洲政治版图如何动荡变化，都岿然不动。

文化很重要，但只有接地气，才能保证基业长青。

例如，阿里巴巴的使命是“让天下没有难做的生意”，但这并不仅仅停留在一句口号上。

2003年5月，阿里巴巴投资1亿元人民币建立个人网上贸易市场平台——淘宝网。2004年10月，阿里巴巴投资成立支付宝公司，面向中国电子商务市场推出基于中介的安全交易服务。作为网络支付产品，支付宝产生的第一使命就是担保交易，支付宝公司作为第三方，保证网络交易安全、顺畅。在淘宝网发展过程中，支付宝的担保交易模式，彻底打消了用户对网络购物的怀疑和不信任。

2017年9月份，阿里巴巴中国零售平台移动月度活跃用户达5.49亿。截至9月底止的12个月内，年度活跃消费者达4.88亿。盒马鲜生在中国的门店总数增至20家。阿里巴巴完成对菜鸟的53亿元增资，持股比例增至51%，阿里巴巴生态系统内进一步提高物流能力，计划未来5年投入1 000亿元人民币，用以进一步增强全球物流网络，从而实现中国24小时、全球72小时送达的使命。

2017年11月11日第7分23秒，支付宝的支付笔数突破1亿笔，并且没有出现网络拥堵和卡顿现象。蚂蚁金服自主研发的数据库OceanBase平稳处理了4200万次/秒的请求数，这也意味着中国自主研发的数据库已经跃升至全球数据库的第一梯队。

经过十多年来的发展，阿里巴巴借助于互联网的信息体系，为未来中国乃至世界的商务生态系统构建了规模庞大的基础设施。正是这些基础设施的构建，让阿里巴巴的文化得以落地生根，持续发展至少 102 年的愿景清晰可见。

任何公司都有自己的商业模式。很多挂牌公司为了进入资本市场，聘请所谓的专家进行包装，花了很多银子，商业故事编得云山雾沼，估计本公司的高管读起来都蒙圈，不知道自己到底是如何帮公司赚到钱的。这样做，结果适得其反。

商业模式就是指公司在市场上购买原材料组织生产，把制造出来的产品（服务）提供给顾客，并换取同等的价值，这些价值最终将转化为货币，形成公司的利润。

不要把商业模式神秘化，说直白一些更好。其实，商业模式就是赚钱的方法，说明白公司目前如何赚到了钱，未来计划如何去赚更多的钱。

（一）公司的顾客是谁？

世界管理大师德鲁克说，顾客是公司生存的基础，公司存在的唯一目的就是创造顾客。

创造顾客必须考虑好如何满足顾客的需求、如何认知顾客考虑的价值所在，更重要的是究竟如何创造顾客的需求。公司只有赢得了顾客，满足顾客的需求，才算真正拥有了市场。

在公司刚开始发展的状况下，如果能够对目标顾客有更清晰的认知和理解，往往更容易取得投资者的信任。

创造顾客并不意味着要有无数多的顾客，或者说所有人都是顾客，而是精准地把握自己的细分市场。没有哪家公司能创造出一个无限宽广、包罗万象的平台，也不是每个公司都能连接世间所有的普罗大众，所以，聚焦更加细分的垂直人群，把握好专注的市场才是王道。

最重要的，还要讲清楚为顾客提供的产品（服务）的竞争优势是什么？顾客因为需求被满足而购买，痴迷于情怀的只能是偶然性的小众，不要寄希望于顾客的忠诚。

如果找不出更好地满足顾客的需求的策略，也就无法说服外部投资者。

（二）顾客心目中的价值到底是什么？

这在公司的商业模式中经常得不到足够的重视。原因在于很多公司高管们的自我麻醉，他们总认为自己对顾客的心思已经琢磨得很透彻了，所谓的价值不就是产品（服务）的品质吗？他们忽略了顾客购买产品（服务）的本质是需求的满足而不是产品（服务）的本身。

诺基亚被迫同意被微软收购，在记者招待会上，时任诺基亚 CEO 约玛·奥利拉最后说：“我们没有做错什么，但不知为什么，我们输了。”诺基亚手机的品质不可谓不精良，砸核桃、挡子弹，早已经名满天下。但过硬的品质并没有保证诺基亚能坚守住市场份额，而是像一个巨人轰然倒下。

缺乏调查研究的报告中，市场需求变化很大的可能是错误的。要了解真实的市场，就必须走进顾客群体中。在市场上没有所谓的专家，唯一的专家就是顾客。巨人集团董事长史玉柱先生说：“不管哪个行业，你要想找老师的话，你就找你的消费者。你把消费者研究透，你的营销方案就出来了。所以过去，我们坚持的是这个，这一条路，不信权威，指导我们的唯一老师是消费者。”

（三）如何满足顾客的需求？

商业模式中一定要体现出公司在提供产品（服务）的同时是如何满足

顾客需求的，并且还要体现出公司是如何依据顾客需求的变化而不断地改进产品（服务）的。这些积极的措施才是公司的竞争优势所在。

如果公司的产品（服务）基于某些需要投入资金和时间的基础建设，一定要充分地展现出来。并且还要告诉投资者，在未来公司将如何继续扩大基础建设的规模。无论处在哪一个行业，没有基础建设的投入就不可能有革命性的突破。

实践永远是最好的老师，理论才是需要充实的学生。

公司谋求一种适合自己的商业模式，不可能是一帆风顺的，任何的伟大公司都是经历了百般磨难，在挫折中努力寻找前进的道路。

对于挂牌公司而言，基于所处的行业、所面对的竞争环境，以及新技术的影响，要对既有的商业模式进行持续地优化和改造，当然所有的变化都要遵循一定的连续性。

三、制定让投资者普遍接受的发展目标

任何的“新三板”挂牌公司，都需要有一个清晰的发展目标传递自身价值诉求。资本市场的基础就是预期管理，向资本市场明确地传递价值主张，让资本市场看清自身战略定位、商业模式以及发展规划，才有可能获得投资者的关注。

制定出公司的发展目标并将其付诸实施，也体现出管理团队对未来发展较长远的思考。

在充分考虑同行业的平均水平、历史经营业绩以及当前的客观状况的基础上，对未来3～5年内的经营状况进行预测，最重要的是对财务指标的预测。能够让投资者普遍接受的经营预期，可以成为与投资者谈判的筹码。有意识地对未来的发展做出规划，让公司内部协调统一明确前进的方向，积极努力地开拓市场，同时也能让投资者能坚定投资意愿或继续持有股份的信心。

挂牌公司作为非上市公众公司，不仅需要做好产品运营，更需要兼顾资本运营，而资本运营的基础就在于公司完成战略系统设计，通过向资本

市场主动传递战略价值主张，积极争取资本市场的认可与信任。

阿里巴巴创办之初，马云先生提出阿里巴巴发展目标主要分三步：每天收入一百万元；每天盈利一百万元；每天纳税一百万元。

这个发展目标的表述极其简单，从高等学府的大讲堂到街头巷尾的小饭馆，几乎所有人都在讨论着关于马云及其提出的三个“每天一百万”。有人赞叹，当然也有人在等着看笑话。

2003 年，阿里巴巴宣布当年实现了每天收入 100 万元；2004 年实现了每天利润 100 万；2006 年实现了每天纳税 100 万。

明确地提出自己的发展目标，并且大多数人认为不可能的情况下用较短的时间完成这些目标，这为阿里巴巴在资本市场上赢得了极高的信用。

2014 年 9 月 20 日，阿里巴巴在美国纽约证券交易所挂牌上市，首日报收于 93. 89 美元，较发行价上涨 38. 07%，以收盘价计算，其市值破 2300 亿美元。2017 年 10 月 10 日晚间，阿里巴巴股价涨逾 1%，市值升破 4700 亿美元，一举超过了美国亚马逊，成为世界上市值最大的网络电子商务公司。

制定发展目标首先需要在整个行业的市场竞争环境下审视自己，搞清楚公司的竞争优势。

所谓的整个行业环境，就是说要站得高才能望得远，登东山者小鲁，登泰山者才能小天下。

也许有些人会认为既然任何公司破产倒闭都是迟早的事情，有必要去管什么竞争优势吗？只要能从资本市场中圈到钱，自然就会有竞争优势。对于这一类企业家来说，他们更关心问题是怎么样才能让猪在风中飞起来。受到经济环境和行业政策的变化影响，资本市场中会出现热点转换与板块轮动的现象。如果简单粗暴地去追逐资本市场的热点，偏离既有战略定位或频繁调整战略定位，固然会赶上一轮一轮的市场热点，但很容易透支价值投资者的信任。

俗话说，没有金刚钻就别揽瓷器活，如果连自己公司的竞争优势都说不出一二来，就别去挤“新三板”这班车。这个金刚钻就好比是一家公司的竞争优势，没有竞争优势的公司就不可能有持续发展的底气。如果自己连持续发展的底气都没有，又怎么可能让外部投资者建立信心？

现实中，很多公司受到木桶理论的影响，把主要精力都用到找差距方面。什么都要最好，什么都要最强，财力和物都用在补短板上，这样往往效果不佳。真正需要做的是找出自己的长板，让短板通过外部协作去弥补。集中优势兵力才能打胜仗，让长板更长，有效地加强自己的竞争优势，充分地发挥自己的竞争优势。只有依据自己的竞争优势去审视未来，才能踏踏实实地以自己的节奏走好发展的每一步，以无所畏惧的精神在资本突破的道路上奋勇争先。

确定了公司的发展目标，接下来就应该去规划为了实现这个目标应该采取什么样的手段？什么样的措施？什么样的方法？也就是所谓的战略规划设计。

将战略规划形成文本，以备公司的核心管理团队评估、审议。如果审议没能达成一致的意见，那可能还需要多次迭代的过程，任何成功都不可能一蹴而就。战略规划涉及团队共同的利益，甚至关系团队共同的命运，确实需要多花一些时间和精力去思考、去打磨、去完善。

资本市场最关注未来价值实现的预期及其实现的可行性。挂牌公司需要给出一个相对明确的发展规划，主动管理资本市场对公司价值实现的预期。最后，挂牌公司需要根据“新三板”信息披露的规定，在实现发展目标的进程中，真实、准确、及时地披露采取的策略或手段，积极回应投资者的关切。

战略规划只有高下之别，没有对错之分。

只有那些深刻洞察行业发展趋势、产业政策与技术方向、竞争格局态势并结合自身资源与能力进行主动调整、优化战略规划的公司才会被资本市场所信任、所接受。

百度紧紧跟在Google后面，腾讯刚开始是ICQ免费版，新浪微博是中文版的Twitter，而滴滴打车就是中国版的UBER，他们都成功了，甚至成功到超越人们的期望。对于创业者而言，寻找到企业发展的标杆，通过模仿创新形成自己的竞争优势，是很容易想到的发展道路。

历史上，美国工业的发展正是得益于对欧洲国家先进技术的模仿创新，日本战后经济振兴的奇迹正是得益于对世界发达国家，尤其是美国工业技术的模仿创新，韩国也是通过模仿创新，迅速改变落后面貌，一跃成为新兴的工业化国家。

模仿创新就是指不断寻找和研究同行一流公司的最佳实践，并以此为基准与本企业进行比较、分析、判断，从而使自己企业得到不断改进，进入或赶超一流公司，创造优秀业绩的良性循环过程。其核心是向业内或业外的最优秀的企业学习。通过学习，企业重新思考和改进经营实践，创造自己的最佳实践。

模仿创新的优势在于可节约大量研发及市场培育方面的费用，降低投资风险，也回避了市场成长初期的不稳定性，降低了市场开发的风险。模仿创新是创业型公司以最小代价、最快速度追赶行业内领先公司的现实途径。寻找到同行业中的领先者，分析他们技术、产品或生产管理方法，发掘自己的产品（服务）存在的缺陷，以改进完善自己的产品（服务）。因为一个新进的创业者并不一定在公司运营的各方面都是新颖的；相反，模仿其他成熟公司的发展模式，能够为创业者提供外在的竞争优势。

通过学习、模仿来实现突破的，也要求公司自身要有一定的竞争优势，至少能够完善产品（服务）的一部分功能的创新，而这部分功能恰好是公司能够在市场立足的竞争力基础。经过一段时间的发展，可以在原有业务的基础上选择新的细分市场，通过创新，提供自己的附加值，扩大市场的占有率。

但是，模仿难免在技术上受制于人，而且新技术也并不总是能够轻易被模仿的。随着知识产权保护意识的不断增强，专利制度的不断完善，要获得效益显著的模仿创新显然很不容易了。

2015 年 12 月 22 日，“新三板”挂牌公司安尔发①公开披露《经营战略发展规划公告》，公告称，安尔发属于互联网信息服务行业，是我国“十二五”期间重点扶持的产业之一，是当前的投资主题和热点。

安尔发将以智慧安全社区作为基点，结合 ECC 智慧停车场系统（APP），以实体门户物联网模式打造一个移动互联网（APP）应用平台，最终形成以移动互联网为核心的综合服务支撑平台，努力寻求在智慧生活安全服务平台行业的地位。

公司拟用三年时间，积累大数据，加深用户黏度，并与第三方智慧社区服务相关平台合作，建设成覆盖全国的智慧生活安全服务平台。

虽然这个公告缺乏对财务指标的预期，略显粗糙和稚嫩，但是可以看出安尔发团队对资本突破的勇气和决心，值得给予衷心地祝福和鼓励。

① 东莞安尔发智能科技股份有限公司，证券代码 430569。

四、 适时引入战略投资者

在我国证券市场，战略投资者具有其特定法律含义。1999 年 7 月，中国证监会颁布了《关于进一步完善股票发行方式的通知》，引入了拟 IPO 公司的战略投资者的概念，战略投资者是指与发行公司业务联系紧密且欲长期持有发行公司股票的法人。我国在新股发行中引入战略投资者，允许战略投资者在发行人发行新股中参与申购。主承销商负责确定一般法人投资者，每一发行人都在股票发行公告中给予其战略投资者一个明确细化的界定。

对于“新三板”挂牌公司而言，战略投资者主要区别于一般的财务投资者，其特点是持股比例较大，股权占比一般不低于 5%。持股周期较长，一般都是长期持有。战略投资者能够与公司之间形成战略协同关系，积极参与公司治理和经营，增强公司的竞争优势。

选择战略投资者，也需要花费必要的成本，因此，在确定战略投资者之前，应该核实公司将为此付出的代价，包括有可能发生的聘请财务顾问的费用，还包括其间发生的财务审计、法律服务以及主办券商等中介机构的费用，以及合理的价格转让股权的价值、资产重组可能产生的各种机会成本等。

只有对各项成本的承受能力以及对预期收益的合理评估，才能坚守自己的底线，正确地选择战略投资者。

挂牌公司引入战略投资者有助于优化股权结构，从根本上解决股权过于集中的问题，健全股东制衡的机制。“一股独大”的股权结构很容易产生“内部人控制”，大股东会利用表决权优势侵害中小投资者的利益，中小投资者则对其敬而远之。

如果战略投资者是国内知名公司或者行业内的领先企业，他们的加入能够提升公司的整体形象，促进公司在技术和管理不断提高。战略投资者先进的管理理念和技术能力将对挂牌公司形成冲击，逐步提升其自主创新水平。利用战略投资者的优势资源和信息渠道，有利于挂牌公司树立品牌形象，快速灵活地对市场变化做出正确的应对，及时捕捉市场商机，拓展新的领域，提高市场占有率。

可以优先考虑潜在的战略投资者的行业背景，重点关注他们是否拥有彼此互补的上下游资源，是否互相吻合自己的企业文化和经营理念。这一类的战略投资者也称为产业投资者。产业投资者对财务和利润指标要求比较低，更关注的是被投资公司的行业地位、技术能力和市场份额。一般情况下，产业投资者要求在被投资公司中占股不少于5%，甚至谋取绝对的控制权，要求被投资公司服从其产业战略和布局。

例如：2016 年 11 月 24 日，杭州“新三板”挂牌公司仁盈科技①公开披露《收购报告书》。公告称，2016 年 10 月 10 日，银湾网②召开 2016 年第五次临时股东大会并作出决议，同意以协议方式收购仁盈科技 3208334 股股份。

① 杭州仁盈科技股份有限公司，证券代码：833201。

② 上海银湾生活网络股份有限公司。

本次收购实施前，银湾网已经完成收购仁盈科技 2966666 股股份，持股比例为 29.67%。本次收购完成后，银湾网将持有仁盈科技 6175000 股股份，持股比例为 61.75%，本次收购将导致仁盈科技控制权发生变化，作为战略投资者，银湾网将成为仁盈科技控股股东。

仁盈科技成立于 2011 年 5 月，凭借多年通信行业项目经验，致力于智能云终端设备、服务机器人相关产品的软硬件研发、技术服务、运营。为运营商、酒店、社区物业等行业大客户提供人工智能“机器替人”解决方案、深度解析式营销解决方案，及配套的软硬件产品和服务。

银湾网下属的上海银湾物业管理连锁集团（简称银湾物业）是中国领先的独立第三方物业和社区生活综合服务提供商，具备国家一级物业管理资质。银湾网坚持不懈地为中国成千上万的业主提供高品质、一站式的物业综合服务体验价值，以为中国广大的业主创造高品质、高附加值的和谐生活和幸福人生，致力于成为中国领先的乃至世界级的独立第三方物业和社区生活综合服务提供商。

仁盈科技在引入银湾网的过程中，原实际控制人陈刚先生以及其他股东的平价转让股份的行为令人印象深刻。未来，仁盈科技的机能机器人技术与银湾网的物业综合服务网络完美结合，共同构筑“智慧社区、智能家居”的产业链，实现优势互补、共生共赢。

除了股份转让的方式，还可以通过定向发行股票的方式引入战略投资者。2016 年 4 月 6 日，“新三板”挂牌公司家鸿口腔[①]公开披露《股票发行情况报告书》。公告称，家鸿口腔以非公开发行股票的方式定向发行 1288 万股普通股，拟通过本次股票发行，补充运营资金，支持主营业务的发展，提升盈利能力和抗风险能力，保障业务经营的可持续发展。

---

① 深圳市家鸿口腔医疗股份有限公司，证券代码：834566。

公告显示，家鸿口腔发行股票总数为 1288 万股，发行价格为每股 4.57 元，根据家鸿口腔的各项财务指标，2015 年 5 月 31 日每股净资产为 2.18 元，本次股票发行属于溢价发行。本次发行对象为拜博医疗集团有限公司（以下简称拜博集团）和自然人投资者吴迪。其中，拜博集团认购 988 万股。本次定向发行完成后，拜博医疗集团有限公司占家鸿口腔已发行股票总额的 14.34%。

家鸿口腔成立于 2001 年 12 月 27 日，主要从事二类牙科医疗器械定制式义齿和正畸产品的研发、生产与销售。公司产品主要用于修复牙体缺失、缺损，牙列缺失、缺损以及牙列不齐时的矫正过程。

拜博集团于 1993 年在深圳创立，是联想控股旗下创新消费与服务板块中的重要成员。拜博集团建立了北京、上海等 30 余个事业部，在全国设有 200 余家直营口腔医疗连锁机构。

显然，家鸿口腔通过定各增发股票的方式引进拜博集团作为公司的战略投资者。

CHAPTER 10

第十章　华山论剑
“新三板”的热点和展望

2013 年年底，“新三板”由局部推向全国，作为多层次资本市场的重要组成部分，“新三板”的发展可谓冰火两重天。

一方面，“新三板”挂牌公司数量突破万家，优先股、分层管理、双创债等政策利好被不断释放，业界对引进更多的做市商以及“不连续的竞价交易”等制度创新充满了期待；另一方面“新三板”的审核速度放慢，市场监管趋于严格，投资者热情降温亦成为新常态，市场进入理性审慎的观望期。

新时代，“新三板”到底是什么样的一块板？“新三板”到底要走向何方？值得洞察与深思。

一、证券交易所和场外交易市场

今天，人们所讲的交易所的概念与比利时历史名城布鲁日的凡·德·布尔斯家族有极大的关系。

布鲁日靠近大海、地理位置优越。在十四世纪时，布鲁日已成为西北欧最重要的贸易中心之一，来自世界各国贸易商在当地进行交易。当时，布尔斯家族定期在自家的屋前举行股份凭证交易，并且一块“价格板”上标注行情。这样，最原始的证券交易所诞生了。在欧洲，证券交易所“Bourse”一词正是由布尔斯家族的姓氏“Beurse”演化而来。

1602 年，在荷兰的阿姆斯特丹成立了世界上第一个股票交易所。当时荷兰海上贸易极为发达，极大地刺激了投资需求。第一个股份制公司是来自于荷兰的联合东印度公司[①]。当时没有完备的股票流通市场，更没有独立的股票交易所，只能靠当地的商人们零星地进行股票买卖中介，股票交易也只能在阿姆斯特丹的综合交易市场里与调味品、谷物等商品混杂在一

① 联合东印度公司（DutchEast India Company），简称 VOC。1602 年成立，1799 年解散。联合东印度公司由当时的荷兰政府建立，是第一个可以自组佣兵、发行货币的股份有限公司，并被获准与其他国家定立正式条约，并对该地实行殖民与统治的权力。

起进行交易。

16 世纪中叶，经济中心转移到了英国。随着资本主义经济的发展，所有权和经营权相分离，在伦敦开始大量出现股份制公司。1698 年开始，众多的经纪人聚集在伦敦柴思胡同的乔纳森咖啡馆进行股票交易。1773 年，在该咖啡馆成立了英国第一家证券交易所。该证券交易所于 1802 年获得英国政府的正式批准，是伦敦证券交易所的前身。

美国的证券交易萌芽于独立战争时期。第一次产业革命使股份制公司在美国也得到迅猛发展，它们借助发行股票或者债券筹集资金。美国建立证券交易所对现代意义上的证券投资具有典型的示范意义。1929 年经济大危机后，美国政府加强对证券市场的立法、监管和控制，整个市场进入规范发展阶段，美国的证券市场也因此发展成为世界最大的证券市场。

重温西方发达国家证券交易所的历史就可以发现，无论是英国还是美国，证券交易所的产生都是自下而上水到渠成的结果。也就是说，西方国家先有证券交易，然后，在证券交易需求日趋强烈并形成一定规模的时候，经纪人们自愿地聚在一起，筹建专门的交易场所，进行规范。

以美国为例。最早的股票交易并没有固定场所，经纪人在综合交易市场、咖啡馆甚至路灯下进行交易，这些场所被称为“店头市场”。后来，随着股票交易品种和规模不断扩大，“店头市场”逐渐演化为规范化的证券交易所。

1792 年，一些成功的经纪人及其合伙人协商决定建立一个股票拍卖中心。股票持有人将意欲售出的股票存放在这里，拍卖成功后，经纪人根据交易量收取佣金。这个设想很快就崩溃了，原因在于很多经纪人参与拍卖只是为了获取最新的股票价格。随后，他们在外面的路灯下或咖啡馆中完成后续交易，但收取更低的佣金。这迫使场内经纪人们决定来制止场外交易。

1792 年 5 月 17 日，美国的 24 名经纪人在华尔街 68 号前的一棵梧桐树下聚会，商订了一项协议。这个协议就是著名的“梧桐树协定”，协定的全文是“我们，在此签字者——作为股票买卖的经纪人庄严宣誓并向彼此承诺：从今天起，我们将以不低于 0.25% 的佣金率为任何客户买卖任何股票，现时在任何交易的磋商中，我们将给予会员彼此的优先权。”24 位在协议上签字的经纪人①组成了一个享有交易特权的证券交易同盟，这被认为是纽约股票交易所的起源。

证券交易所成立后，原来的“店头市场”仍然存在，许多不能成为证券交易所会员的经纪人仍然在路边和咖啡馆中交易股票。此外，一些证券经纪人设立固定的柜台，吸引和方便投资者到柜台上买卖股票。因此，场外交易也被称为柜台交易。场外交易的股票品种主要是未在证券交易所上市（挂牌）的股票。

在美国，场外交易市场始终是证券交易所主要竞争者。大量的证券交易在证券交易所以外进行，主要的原因有两个：一方面，证券交易所不接受那些尚未被市场检验过的新股票，但新股票却受到投机者的青睐，成为场外市场主要的交易品种；另一方面，成为证券交易所的场内经纪人并非容易，门槛非常高，大批的经纪人被排除在外。

随着科学技术的进步，特别是电子计算机和信息互联网的推广，传统的场外交易方式被打破，无论是证券交易所还是场外交易市场都得到了迅速发展。例如，美国著名的纳斯达克就曾经是一家以电子化网络为运行基础的场外交易市场。

1939 年，根据《马兰尼法宁》（1934 年《证券交易法》第 15 章 A 款），全美证券交易商协会（NASD）在美国证监会（SEC）注册成立。该

① 这 24 个经纪人代表着 21 个经纪商和 3 个经纪公司。

协会是一个自律性管理机构，几乎所有的证券交易经纪商都是它的会员。1968 年，为解决场外证券交易的市场分割和股票报价信息混乱的问题，进一步提高场外市场效率，全美证券交易商协会（NASD）接受了美国证监会的建议，创建了"全美证券商协会自动报价系统"，即纳斯达克（NASDAQ）。

1971 年 2 月，纳斯达克正式启动，这成为现代化场外交易形成的标志性事件。1975 年，全美证券交易商协会（NASD）提出了纳斯达克系统的股票挂牌标准，只有各个领域达到此标准的股票才能在纳斯达克上进行报价①。

在美国，众多规模较大、管理规范、经营状态良好的公司股票都集中证券交易所和纳斯达克，其余的不能满足相关标准的公司股票形成了另外一个市场，即分值股票市场。分值股票市场又分为行情公告板（OTCBB）和粉单市场（Pink Sheets）。除了上述市场外，场外交易市场还包括第三市场、第四市场等，形成了美国资本市场的多层次结构。

在我国，根据《证券法》（2014 年 8 月 31 日第三次修正）中第十条规定，公开发行证券②，必须符合法律、行政法规规定的条件，并依法报经中国证监会或国务院授权的部门核准。未经依法核准，任何单位和个人不得公开发行证券。股份有限公司报经中国证监会核准首次公开发行股票，被称为 IPO，也意味着该公司的股票可以在上海或者深圳证券交易所上市交易。

2015 年 7 月 29 日，中国证券业协会发布《场外证券业务备案管理办

① 2001 年，纳斯达克向美国证监会（SEC）提出申请，希望注册成立证券交易所。2006 年 1 月，美国证监会（SEC）批准纳斯达克将纳斯达克股票市场有限公司（Nasoaq Stock Market LLC）注册成为全国性证券交易所。

② 按《证券法》第十条的规定，有下列情形之一的，为公开发行证券：（一）向不特定对象发行证券；（二）向特定对象发行证券累计超过 200 人的；（三）法律、行政法规规定的其他发行行为。

法》（以下简称《备案办法》）。为了规范、促进场外证券业务发展，中国证券业协会要求证券公司、证券投资基金公司、期货公司、证券投资咨询机构、私募基金管理人等从事《备案办法》中规定的场外证券业务的，以及证券监管机关或自律组织规定应当在协会备案的机构，应当按照《备案办法》对其场外证券业务备案。《备案办法》中规定的场外证券业务是指上海、深圳证券交易所、期货交易所和全国中小企业股份转让系统以外开展的证券业务。

"新三板"是国务院批准设立的全国性证券交易市场。因为地位特殊，直接受中国证监会领导，由全国股转公司负责运营，在"新三板"上从事证券交易不受《备案办法》约束，不需要报证券协会进行场外证券业务备案。

那么，凭什么还要说"新三板"属于场外证券交易市场呢?

首先，目前的"新三板"挂牌公司属于非上市公众公司①。挂牌公司不允许公开发行证券，包括不允许公开发行普通股，不允许公开发行优先股，不允许公开发行双创债，不允许公开发行债券等。以发行股票为例，在"新三板"发行股票只允许采取非公开发行方式，也称定向发行，是指公司向符合适当性管理要求的合格投资者发行股票的行为，除公司现有股东以外，每次股票发行的投资者人数合计不得超过35名。

其次，"新三板"本质上属于柜台交易系统。投资者只能通过主办券商申请设立的交易单元进行证券转让，在这里，可以将交易单元视为百货公司里的一个柜台，挂牌的股票（证券）就是柜台陈设的商品。投资者买入股票，应当开立证券账户和资金账户，并与主办券商签订证券委托代理协议。投资者卖出股票，一般情况下，需要委托代理其买入该股票的主办

① 在宣传上，将"新三板挂牌"称为"新三板上市"是错误的。

券商办理。如果需要委托另一家主办券商卖出该股票，就必须办理股票转托管手续。

实际上，纠结于“新三板”是证券交易所还是场外交易市场毫无意义。

诞生于中关村科技园区的区域性的“新三板”成为由国务院直接批准设立的全国性场外交易市场，这已经成为我国多层次资本市场发展的重要里程碑。

展望未来，在经济转型和创新驱动的背景下，“新三板”在促进中小微企业资本形成的过程中，必将体现出不可替代作用。

二、核准制和注册制

2013 年 11 月 12 日，中共中央十八届三中全会通过的《中共中央关于全面深化改革若干重大问题的决定》。该决定中明确提出，需要"完善金融市场体系，健全多层次资本市场体系，推进股票发行注册制改革，多渠道推动股权融资，发展并规范债券市场，提高直接融资比重。"

由中央最高决策层来提出推进股票发行注册制改革绝非心血来潮，必为之计深远。

2015 年 12 月 9 日，国务院第 115 次常务会议讨论通过《关于授权国务院在实施股票发行注册制改革中调整适用〈中华人民共和国证券法〉有关规定的决定（草案）》。草案中明确，在决定施行之日起两年内，授权对拟在上海证券交易所、深圳证券交易所上市交易的股票公开发行实行注册制度。

2015 年 12 月 27 日，十二届全国人大常委会第十八次会议通过了《关于授权国务院在实施股票发行注册制改革中调整适用〈中华人民共和国证券法〉有关规定的决定》，该决定自 2016 年 3 月 1 日起施行，实施期限为二年。

2016年3月12日，十二届全国人大四次会议新闻中心举行记者会，邀请中国证监会主席刘士余等人回答中外记者的提问。刘士余提出，无论是核准制还是注册制，都必须实时秉承保护投资者合法权益的真诚理念，对发行人披露内容进行严格的真实性审查。这一点即使将来实行注册制了，不但不能放松，而且必须加强。完善金融市场体系，健全多层次资本市场体系，推进股票发行注册制改革，多渠道推动股权融资，这几项改革不是孤立的、独立的，甚至割裂的选项，是相互递进的关系。也就是说，把多层次资本市场搞好了，可以为注册制改革创造极为有利的条件。①

2017年2月10日，在证券期货监管工作会议，证监会主席刘士余发表了讲话。刘士余称，注册制是监管的方法论的要求，和行政核准制并不对立。注册制既不要理想化也不要神秘化。②

注册制和核准制之争不仅仅是方法论的要求，按《证券法》第十条之规定，公开发行证券必须报经中国证监会或国务院授权的部门核准，未经核准，任何单位和个人不得公开发行证券。

从法理上讲，公开发行证券是否需要中国证监会或其他政府主管部门的核准，才是问题的本质。政府是否需要代替市场对证券的风险价值进行判断，决定其是否适合公众投资？这个问题的回答对涉及政府和市场之间如何划定边界。市场上存在这样一类的投资者，他们具有丰富的投资知识和经验，能够正确地分析投资风险并且具备抵御投资风险的能力。为什么不能放手让他们大胆地试、大胆地闯呢？

例如在美国，发行人公开发行证券的权利自然取得，无须政府授权。任何发行人，只要充分披露，就可以发行证券。证券发行有何种风险，风

① 《刘士余：注册制是必须搞的但不可单兵突进》，根据网络文字直播整理，来源：中国新闻网，2016年3月12日。http://www.chinanews.com/cj/2016/03-12/7794706.shtml

② 《刘士余：注册制和行政核准制不对立》，来源：新浪财经，2017年2月10日。http://finance.sina.com.cn/stock/y/2017-02-10/doc-ifyameqr7397317.shtml

险多高，让市场去自行判断。按美国证监会（SEC）网站的表述，SEC"只检查公开的内容是否齐全，格式是否符合要求，而不管公开的内容是否真实可靠，更不管公司经营状况的好坏……坚持市场经济中的贸易自由原则，认为政府无权禁止一种证券的发行，不管它的质量有多糟糕。"①

怎么理解呢？举一个例子，每一个公民都有接受高等教育的权利，这个权利是自然取得的，不需要任何国家主管部门的核准。但这并不意味每个公民都可以取得任何学校的学籍。你想报考北京大学，首先需要参加全国统一高考，考试成绩符合要求，才能得到北京大学的录取书，到北京大学注册学籍。如果高考成绩不理想，没有被具有招生资格的高校录取，也并不意味着你无权接受高等教育，你可以自由选择选择自学、函授、夜校等多种形式。

1911 年，出于对证券发行与上市交易的监管需要，美国堪萨斯州率先颁布制定了《蓝天法》，对证券市场实施监管，拥有披露与实质审核监管权限的堪萨斯州证券委员会有权签发否决令，阻止相关证券在堪萨斯州的发行。《蓝天法》的实践取得了积极的效果，其他各州的纷纷效仿，各个州相关法律的细则不尽相同，但都要求注册所有证券的发行和销售情况，包括每一个股票经纪和经纪公司。

不过，仍然有许多投资银行采取跨州交易的方式来规避管制，这给证券市场造成很大的混乱，各个州在具体执行的过程中对此类行为显得软弱无力。为了让投资者重拾信心，1933 年，美国国会通过听证会，通过了联邦《证券法（1933）》。

美国联邦依据《证券法（1933）》建立注册制，其目的在于弥补各州证券监管容易被投资银行规避的缺陷，美国证监会（SEC）对申请注册文

① 《美国的发行与上市审核制度》，来源：中国证监会，中国证监会官方网站，2013 年 7 月 3 日。http：//www. csrc. gov. cn/pub/newsite/ztzl/xgfxtzgg/xgfxbjcl/201307/t20130703_ 230242. html

件进行形式审核，主要内容是审查招股说明书中有没有披露所有投资者感兴趣的信息。美国证监会（SEC）有权对注册申请发出“拒绝令”，阻止注册生效。

1996年，为了提高证券市场的效率，降低双重注册带来的管辖权重叠，美国联邦国会通过了有名的《资本市场改善法（1996）》，规定某些证券由联邦专属管辖，州不得插手，这些证券叫作“联邦管辖的证券”，部分地解决了联邦与州的管辖权重叠问题。

在我国，按目前《证券法》中的行政核准制，任何公司除非经由中国证监会的核准，否则就不允许公开发行证券。事实上，公开发行证券已经间接地与申请在证券交易所上市画上了等号，这种情况直接导致资本市场的层次不足，中小企业融资渠道不畅，直接融资的比重偏低。

积极推进股票发行制度改革有利于保护投资者的利益。新股发行的有关数据表明，目前A股市场发行和交易机制存在重大缺陷，高市盈率带来的恶果不堪设想。错误的监管理念导致公司上市并不是为了实业融资，主要的目的是为了控股股东和原始股东在市场中圈钱，为了给社会创造出一个又一个“富豪”。例如：某上市公司从2010年A股上市以来，通过IPO、定向增发和发债等方式，总共融到了91亿元，净利润总和不超过22亿元，分红1.75亿。就是这样的一家公司，控股股东一个人就从市场中减持套现超过100亿元。

根据2015年在第十二届人大常务委员会第十八次会议上披露的初步方案来看，政府主管部门在相关推进股票发行制度改革的角色定位方面或存在失误。[①] 根据该方案，由证券交易所负责公司股票发行申请的注册审核，

① 详见中国证券监督管理委员会原主席肖钢在2015年12月21日在第十二届全国人民代表大会常务委员会第十八次会议上关于《关于授权国务院在实施股票发行注册制改革中调整适用〈中华人民共和国证券法〉有关规定的决定（草案）》的说明，来源：中国人大网，2015年12月21日。http：//www. npc. gov. cn/wxzl/gongbao/2016 – 02/26/content_ 1987082. htm

然后再报中国证监会注册生效。程序设置上前后颠倒，实际效果必然是换汤不换药。果真这样去做，只能带来更多的问题。例如：若证券交易所放审的速度快，而证监会注册时间长，这一段时间内，政策上应该如何安排？若证券交易所排队的公司多，放审的速度慢，是不是也意味着相关公司只能在一棵树吊死？

（1）考虑到中国的具体国情，短期内完全放开政府管制不太现实，建议中国证监会依然对公开发行证券注册申请进行核准，未经中国证监会核准，任何单位和个人不得公开发行证券。核准即注册，证券注册完成后，发行人就可以采取任何合法合规的方式进行证券发行。

（2）公开发行证券注册申请获得中国证监会核准后，由发行人自由选择证券交易市场。证券交易市场由中国证监会批准设立，包括上海证券交易所、深圳证券交易所、"新三板"市场以及其他中国证监会批准的证券交易场所。

（3）建议中国证监会对证券注册申请材料进行形式审核，仅对申请材料中披露的内容是否齐备负责；由沪深证券交易所、全国股转公司等证券交易场所负责实质审核，重点审查申报材料的真实性以及其他条件是否符合要求。

推进注册制改革的进度和质量关系到党的重大决策是否有所失误，也关系到新一届中央政府施政是否具有严格的执行力。也意味着"新三板"将迎来更大的机遇和挑战。

三、公开募集股份和公开发行股票

两千五百多年以前，中国伟大的教育学家孔子就说过：“名不正，则言不顺；言不顺，则事不成；事不成，则礼乐不兴；礼乐不兴，则刑罚不中；刑罚不中，则民无所措手足。”

按《公司法》（2013 年第三次修订）之规定，股份有限公司的设立，可以采取发起设立和募集设立的方式。采取募集设立的，由发起人认购的股份不得少于公司股份总数的 35%，其余股份向社会公开募集。发起人向社会公开募集股份，必须公告招股说明书，并制作认股书。

在设立股份有限公司时采取募集设立的方式，由发起人按相关的要求认购一部分股份，其余的可向社会公开募集，以完成公司的出资。这个募集的过程即所谓公开募集股份。

旧版《公司法》（2004 年第二次修正）中规定，公开募集股份应当由发起人向中国证监会提出募股申请，发起人向社会公开募集股份时，必须向国务院证券管理部门递交募股申请，国务院证券管理部门对符合本法规定条件的募股申请，予以批准；对不符合本法规定的募股申请，不予批准。上述规定在新版《公司法》（2013 年第三次修正）中已经全部撤销。

也就是说，在新版《公司法》中，公开募集股份倾向于发行人的自然权利，无须取得国务院主管部门的批准。

按《公司法》（2013年第三次修正）第九十二条之规定，以募集方式设立股份有限公司公开发行股票的，还应当向公司登记机关报送中国证监会的核准文件。

公开发行股票事宜需要中国证监会的核准，这源于《证券法》（2014年第三次修订）第十条，“公开发行证券必须符合法律、行政法规规定的条件，并依法报经国务院证券监督管理机构或者国务院授权的部门核准；未经依法核准，任何单位和个人不得公开发行证券。”

什么是公开发行股票呢？按《证券法》的规定，有下列情形之一的，属于公开发行股票：

（1）向不特定对象发行股票的；

（2）向特定对象发行股票累计超过200人的；

（3）法律、行政法规规定的其他发行行为。

非公开发行股票，不得采用广告、公开劝诱和变相公开方式。

常见的司法解释认为，股份有限公司的股份采取股票的形式，发起人公开募集股份就等同于公开发行股票。因此，未经依法核准，任何单位和个人不得公开募集股份，发起人必须报经中国证监会的批准。

这种司法解释还是有基础的。在《证券法》（2014年第三次修订）中，还特别设立了十二条。该条款规定，设立股份有限公司公开发行股票，应当符合《公司法》规定的条件和经国务院批准的国务院证券监督管理机构规定的其他条件，向国务院证券监督管理机构报送募股申请和下列文件：

（1）公司章程；

（2）发起人协议；

（3）发起人姓名或者名称，发起人认购的股份数、出资种类及验资证明；

（4）招股说明书；

（5）代收股款银行的名称及地址；

（6）承销机构名称及有关的协议；

（7）依照本法规定聘请保荐人的，还应当报送保荐人出具的发行保荐书；

（8）法律、行政法规规定设立公司必须报经批准的，还应当提交相应的批准文件。

以上的法律规章循环往复、貌似缜密，但禁不起细细去品味。“新三板”是国务院批准设立的全国性交易市场，也算是“高端大气上档次”了吧？但是，挂牌公司只能定向发行股票，无权公开发行股票，凭什么一个连公司执照都没拿到手的松散型组织，仅仅凭发起人到中国证监会申请公开募集股份，中国证监会就能够核准其公开发行股票了呢？

在商业主体的设立过程中，具有私法和公法的两重性。新《公司法》（2013 年第三次修正）倾向于发行人具有公开募集股份的自然权利。任何发行人，只要充分披露相关信息，就可以公开募集股份。相关规定尊重市场经济商业自由的原则，具体到认股人认购股票有何种风险？风险有多高？宜交给市场去自行判断。

我国的商事制度脱胎于计划经济体制，随着社会的进步和经济的发展，已经严重阻碍了市场经济的运行。2013 年 10 月 25 日，李克强总理主持召开国务院常务会议，部署推进公司注册资本登记制度改革。会议指出，改革注册资本登记制度，放宽市场主体准入，创新政府监管方式，建立高效透明公正的现代公司登记制度，有利于调动社会资本力量，促进小微企业特别是创新型企业成长，带动就业，推动新兴生产力发展。

如果承认募集股份和发行股票是完全不同的两种商业行为，那么，股份有限公司的"股东人数累计超过200人"、"股票向特定对象发行或者转让导致股东累计超过200人"以及"向特定对象发行股票累计超过200人"都分别具有完全不同的法律含义。在法律实务中，如何对不特定对象和特定对象、非公开方式和公开方式进行界定，完全是一个天大的难题，很难找到一个客观标准。

按国务院《关于全国中小企业股份转让系统有关问题的决定》，明确境内符合条件的股份公司均可通过主办券商申请在"新三板"上挂牌，公开转让股份。中国证监会颁布的《非上市公众公司监督管理办法》中同时又规定，非上市公众公司（含"新三板"挂牌公司）只能采取定向发行的方式发行股份，即无权公开发行股票。

一方面，"新三板"上不允许公开发行股票，对定向发行股票的特定对象的身份和数量都进行了极其专业的限制；另一方面，"新三板"上又允许公开转让股票，对定向发行股票转让的对象基本上没有任何的限制。

四、分层和转板

创新型、创业型、成长型的中小微企业洋溢着充沛的新鲜力量，代表着中国经济发展的未来。

国务院《关于全国中小企业股份转让系统有关问题的决定》（国发〔2013〕49号）对“新三板”的市场定位就是为创新型、创业型、成长型中小微企业发展服务。明确指出申请挂牌的公司应当业务明确、产权清晰、依法规范经营、公司治理健全可以尚未赢利，但须履行信息披露义务，所披露的信息真实、准确、完整。

一般情况下，微型企业数量庞大，经济规模小，鱼龙混杂，投资风险高。2011年6月18日，由工业和信息化部、国家统计局、国家发展和改革委员会和财政部联合发布《中小企业划型标准规定》（见附录）。该规定结合各行业特点制订划型标准，根据企业从业人员、营业收入、资产总额等指标，将中小企业划分为中型、小型、微型三种类型。但是，按最新颁布的“新三板”股票挂牌条件适用基本标准，微型企业基本上被排斥在“新三板”之外了。

针对挂牌公司差异化特征和多元化需求，实施“新三板”市场内部分层管理，宜优先考虑如何为创新创业的微型企业如何提供服务，而不是嫌贫爱富弃之不理。只要能充分地披露投资者关心的信息，投资这一类的公司有什么样的风险？风险有多大？这些问题不妨交给投资者自己去判断。监管部门更应当对主办券商的专业服务有信心。

在"新三板"上进行投资，需要专业性的眼光和长期性的打算。政策上不能视"新三板"为唐僧肉，更不能鼓励投资者通过频繁交易套利。如果不能秉承投资者利益高于一切的信条，积极弥补制度上的缺陷，资本市场上的弱肉强食者就会对中小股东公开强取豪夺，"新三板"还会爆发更多的负面事件。更严重的，如果挂牌公司的大股东轻易地套现（包括被收购）离场，势必导致挂牌公司空壳化。这样的话，"新三板"不但对促进资本形成无益，反而有害，成为破坏金融秩序的不稳定因素。

发达国家资本市场的多层次结构都是自下而上顺其自然形成的，但中国由于特殊的国情而来源于顶层设计。多层次的资本市场方便每个公司根据自身条件选择不同层次的市场。同时，不同层次的市场之间应当有机联系，如果不能满足继续留在这个市场的标准，可以转板到另外一个要求较低的市场，反之亦然。

2017 年 7 月 14 日，全国金融工作会议刚刚结束，刘姝威①研究员就发布微博长文《证券市场供给侧改革的建议》，提出证券市场的供给侧改革应该以多层次资本市场体系为基础，将上市公司直接进入主板的 IPO 供给模式转变为从"新三板"转板到主板的供给模式，发挥市场在金融资源配置中的决定性作用，促进存量重组，优化增量。

刘姝威认为，目前，证券市场的上市公司供给或金融资源的配置主要是发审委审核 IPO，上市公司直接进入主板。不论发审委如何尽职，都难

① 刘姝威，女，现任中央财经大学财经研究所研究员，中国企业研究中心主任。专攻信贷研究，出版有专著《上市公司虚假会计报表识别技术》等。

免出现疏漏，出现上市后公司业绩变脸，大股东减持套现，不仅金融资源没有实现优化配置，而且也损害了投资者利益。

刘姝威建议，停止发审委审核 IPO 的上市公司直接进入主板模式，上市公司的供给转变为主要来自“新三板”符合转板条件的公司。

刘姝威的主要观点是将上市公司直接进入主板的 IPO 供给模式转变为从“新三板”转板到主板的供给模式，在一定程度上取代目前的发审制度。这个方案中透露出她对目前发审委审核 IPO 模式的不满。

方案之中也有可借鉴之处。不妨对申请首次公开发行股票（IPO）的公司提出公众持股量的要求，例如在证券交易所上市，要求公众持有 1000 股以上的股东人数不少于 1000 名。这样做，拟上市公司首次公开发行股票（IPO）只能首先选择在“新三板”或区域性的场外交易市场内完成。

对申请在主板（创业板）公开发行股票的公司提出公众持股量的要求，可以从根本上改变目前 A 股市场上对新股的狂热和高溢价现象，让资本市场回归到为实业融资的本位。

如果能通过“新三板”这样一个机构投资者为主的市场完成 IPO，经过一段时间，当公众持股数量达到一定的条件再转板到创业板上市，将最大程度上避免机会投资者对新股的狂热，引导资本市场价格发现功能更符合实际，并且也能解决长期以来困扰监管部门的 IPO 堰塞湖现象。

同时，对“新三板”挂牌转板到创业板上市的具体方式，业界也应该有正确的预期。转板还是不转板，最好由公司自己选择，无须监管部门来评价，更无须政府部门授予特权，监管部门需要做好的事情就是设置好各层次资本市场的准入条件。

不能因为甲公司曾是“新三板”上的优质公司，就给绿色通道；也不能因为乙公司是来自革命老区，就给绿色通道；更不能因为丙公司的大股东曾经见义勇为，就给绿色通道。通道只有一条，任何公司去申请 IPO，都要老老实实地去排队。

公权力乱出手，好事往往都会变成坏事。

所谓的转板制度，并不是监管部门的领导们关起门来定一张转板名单，而是要设法克服制度上的缺陷，避免出现在低层次的资本市场中进行的合法合规操作，到更高层次的资本市场中，全部变成须整改的"硬伤"。例如：2016年4月13日，21世纪经济报道的独家报道《拟IPO需清理三类股东，"新三板"公司集体中枪》中，确认了一则重磅消息："拟申报IPO的企业股东中有契约型私募基金、资产管理计划和信托计划的，按照证监会要求，契约型私募基金、资产管理计划和信托计划持有拟上市公司股票必须在申报前清理。"

合理的转板制度，将使资本市场的包容性更强，有利于不同行业类型、不同发展阶段的公司更快地实现资本梦想。

士不可以不弘毅，任重而道远。

附录：

中小企业划型标准规定

一、根据《中华人民共和国中小企业促进法》和《国务院关于进一步促进中小企业发展的若干意见》(国发〔2009〕36号)，制定本规定。

二、中小企业划分为中型、小型、微型三种类型，具体标准根据企业从业人员、营业收入、资产总额等指标，结合行业特点制定。

三、本规定适用的行业包括：农、林、牧、渔业，工业（包括采矿业，制造业，电力、热力、燃气及水生产和供应业），建筑业，批发业，零售业，交通运输业（不含铁路运输业），仓储业，邮政业，住宿业，餐饮业，信息传输业（包括电信、互联网和相关服务），软件和信息技术服务业，房地产开发经营，物业管理，租赁和商务服务业，其他未列明行业（包括科学研究和技术服务业，水利、环境和公共设施管理业，居民服务、修理和其他服务业，社会工作，文化、体育和娱乐业等）。

四、各行业划型标准为：

（一）农、林、牧、渔业。营业收入20000万元以下的为中小微型企业。其中，营业收入500万元及以上的为中型企业，营业收入50万元及以上的为小型企业，营业收入50万元以下的为微型企业。

（二）工业。从业人员1000人以下或营业收入40000万元以下的为中小微型企业。其中，从业人员300人及以上，且营业收入2000万元及以上的为中型企业；从业人员20人及以上，且营业收入300万元及以上的为小型企业；从业人员20人以下或营业收入300万元以下的为微型企业。

（三）建筑业。营业收入80000万元以下或资产总额80000万元以下的为中小微型企业。其中，营业收入6000万元及以上，且资产总额5000

万元及以上的为中型企业；营业收入300万元及以上，且资产总额300万元及以上的为小型企业；营业收入300万元以下或资产总额300万元以下的为微型企业。

（四）批发业。从业人员200人以下或营业收入40000万元以下的为中小微型企业。其中，从业人员20人及以上，且营业收入5000万元及以上的为中型企业；从业人员5人及以上，且营业收入1000万元及以上的为小型企业；从业人员5人以下或营业收入1000万元以下的为微型企业。

（五）零售业。从业人员300人以下或营业收入20000万元以下的为中小微型企业。其中，从业人员50人及以上，且营业收入500万元及以上的为中型企业；从业人员10人及以上，且营业收入100万元及以上的为小型企业；从业人员10人以下或营业收入100万元以下的为微型企业。

（六）交通运输业。从业人员1000人以下或营业收入30000万元以下的为中小微型企业。其中，从业人员300人及以上，且营业收入3000万元及以上的为中型企业；从业人员20人及以上，且营业收入200万元及以上的为小型企业；从业人员20人以下或营业收入200万元以下的为微型企业。

（七）仓储业。从业人员200人以下或营业收入30000万元以下的为中小微型企业。其中，从业人员100人及以上，且营业收入1000万元及以上的为中型企业；从业人员20人及以上，且营业收入100万元及以上的为小型企业；从业人员20人以下或营业收入100万元以下的为微型企业。

（八）邮政业。从业人员1000人以下或营业收入30000万元以下的为中小微型企业。其中，从业人员300人及以上，且营业收入2000万元及以上的为中型企业；从业人员20人及以上，且营业收入100万元及以上的为小型企业；从业人员20人以下或营业收入100万元以下的为微型企业。

（九）住宿业。从业人员300人以下或营业收入10000万元以下的为中小微型企业。其中，从业人员100人及以上，且营业收入2000万元及以上的为中型企业；从业人员10人及以上，且营业收入100万元及以上的为小型企业；从业人员10人以下或营业收入100万元以下的为微型企业。

（十）餐饮业。从业人员300人以下或营业收入10000万元以下的为中小微型企业。其中，从业人员100人及以上，且营业收入2000万元及以上的为中型企业；从业人员10人及以上，且营业收入100万元及以上的为小型企业；从业人员10人以下或营业收入100万元以下的为微型企业。

（十一）信息传输业。从业人员2000人以下或营业收入100000万元以下的为中小微型企业。其中，从业人员100人及以上，且营业收入1000万元及以上的为中型企业；从业人员10人及以上，且营业收入100万元及以上的为小型企业；从业人员10人以下或营业收入100万元以下的为微型企业。

（十二）软件和信息技术服务业。从业人员300人以下或营业收入10000万元以下的为中小微型企业。其中，从业人员100人及以上，且营业收入1000万元及以上的为中型企业；从业人员10人及以上，且营业收入50万元及以上的为小型企业；从业人员10人以下或营业收入50万元以下的为微型企业。

（十三）房地产开发经营。营业收入200000万元以下或资产总额10000万元以下的为中小微型企业。其中，营业收入1000万元及以上，且资产总额5000万元及以上的为中型企业；营业收入100万元及以上，且资产总额2000万元及以上的为小型企业；营业收入100万元以下或资产总额2000万元以下的为微型企业。

（十四）物业管理。从业人员1000人以下或营业收入5000万元以下的为中小微型企业。其中，从业人员300人及以上，且营业收入1000万元及以上的为中型企业；从业人员100人及以上，且营业收入500万元及以上的为小型企业；从业人员100人以下或营业收入500万元以下的为微型企业。

（十五）租赁和商务服务业。从业人员300人以下或资产总额120000万元以下的为中小微型企业。其中，从业人员100人及以上，且资产总额8000万元及以上的为中型企业；从业人员10人及以上，且资产总额100万元及以上的为小型企业；从业人员10人以下或资产总额100万元以下的为微型企业。

（十六）其他未列明行业。从业人员300人以下的为中小微型企业。其中，从业人员100人及以上的为中型企业；从业人员10人及以上的为小型企业；从业人员10人以下的为微型企业。

五、企业类型的划分以统计部门的统计数据为依据。

六、本规定适用于在中华人民共和国境内依法设立的各类所有制和各种组织形式的企业。个体工商户和本规定以外的行业，参照本规定进行划型。

七、本规定的中型企业标准上限即为大型企业标准的下限，国家统计部门据此制定大中小微型企业的统计分类。国务院有关部门据此进行相关数据分析，不得制定与本规定不一致的企业划型标准。

八、本规定由工业和信息化部、国家统计局会同有关部门根据《国民经济行业分类》修订情况和企业发展变化情况适时修订。

九、本规定由工业和信息化部、国家统计局会同有关部门负责解释。

十、本规定自发布之日起执行，原国家经贸委、原国家计委、财政部和国家统计局2003年颁布的《中小企业标准暂行规定》同时废止。